AF451882

ALMANACH
MEDECINAL.

Où sont marquez les iours, tant pour
Purger, Seigner & Medicamenter,
que ceux qui sont contraires
ausdites Saignées.

Auec le Guidon Vniuersel pour la conseruation de la santé : tres-vtile & tres-
necessaires, aux Medecins, Chirurgiens,
Appoticaires , Religieux , Marchands,
Artisans & autres personnes.

Par le sieur *MENGAV*, Professeur aux
Mathematiques.

Ensemble l'Almanach du Palais, & celuy du
Presidial & Siege du Chastelet de Paris.

A PARIS,
Chez ANDRÉ CHOVQVEVX, au bout du Pont
S. Michel, au Chef S. Iean, prés le Marché Neuf.

M. DC. LV.
Auec Priuilege du Roy.

Depuis la creation du monde iufques à la Natiuité d
Noftre Seigneur Iefus-Chrift il y a quatre mil vn an, &
depuis fa Natiuité iufques à prefent 1655. lefquels nombr
ioincts enfemble font 5656. ans.

Comput vfité à l'Eglife		Les fept Planettes.
Romaine.		Saturne
Nombre d'Or	3	Iupiter
Cycle Solaire	12	Mars
Epacte	23	Soleil
Indiction Romaine	12	Venus
Lettre Dominicale	C	Mercure
		Lune

Feftes mobiles

		Les douzes Signes.
La Septuagef. le 24 Ianuier.		
Les Cendres le 10, Fevrier		Aries
Pafques le 28 Mars		Taurus
Rogations le 2 May		Gemini
L'Afcenfion le 6 May		Cancer
La Pentecofte le 16 May		Leo
Fefte-Dieu, le 27 May		Virgo
L'Aduent le 28, Nouembre		Libra
		Scorpius

Quatre-temps

	Sagitarius
Les 17, 19, & 20, Fevrier	Capricornus
Les 19, 21, & 22, May	Aquarius
Les 15, 17, & 18, Septembre	Pifces
Les 15, 17, & 18, Decembre	

Temps pour fe marier.

PAR l'Ordonnance du S. Concile de Trente, il eft permis
à toutes perfonnes capables de receuoir la Benediction
Nuptiale, excepté depuis l'Aduent iufques aux Rois, & de
puis les Cendres iufques à Quafimodo incluſiuement.

IANVIER.

Le soleil entre dans le signe Aquarius le 21. se leeue à 7. heu. 36. minut. & se couche à 4. h. 24. minu.

1 d a	Circoncion	♏ Purger la pituite a cause du sextil du so-
	b s. Clair.	♏ leil à la Lune.
	C s Geneuieue	♏ Il ne faut point seigner.
	d s. Tité Euf.	♐ Il ne faut point purger à cause du qua-
	e s. Simeon	♐ drat de saturne à la lune.
	f Les Roys	♑ Ne faut point seigner ny purger.
	g s. Lucian	♑ Nouuelle lune le 8. à sept heures 58.
	a s. Iulien	♑ minuttes du soir, temps pluuyeux &
	b s. Iosse	♒ froid auec brouillards.. point seigner.
10 ☉ s. Guillau.	♒ Il ne faut point purger à cause du qua-
11 d s. Satyr ma.	♓ drat de mars a la lune.
12 e s. Saline	♓ Ne faut perger a cause de l'opposition
13 f s. Hil. Nop.	♓ de saturne. point seigner.
14 g s. Felix	♈ Prem. quar. le 15. à 1. h. 25. m. du ma-
15 a s. Maur	♈ tin, neiges froides. point seigner.
16 b s. Marcel	♉ (position de mars a la lune.
17 C s. Anthoi.	♉ Ne faut point purger à cause de l'op-
18 d ch. s. Pierre	♊ Ne faut point purger a cause du quadrat
19 e s. Omer	♊ de saturne, & de iupiter à la lune.
20 f s. Fab. s Seb	♋ Pleine Lune le 21. à 4. heures 43. minu.
21 g ste. Agnes	♋ du matin, temps froid & venteux. Il
22 a s. Vincent	♌ ne faut point purger ny seigner.
23 b ste Emere.	♌ Ne faut purger ny seigner à cause du qua-
	drat de mars à la lune.	
24 C Septuages.	♍ Ne faut point purger ny seig. le a cause
	de la conionction de saturne à la lune	
25 d con. s. Paul	♍ Purger la melancolie & la pituite, à
26 e s. Policarp	♎ cause du sextil de mars & de l'op-
27 f s. Iean chr.	♎ position de iupiter
28 g s. Charlem	♎ Dern. Quar. le 29. a 10. h. 23. minuttes
29 a s. Saluine	♏ du matin, Temps humide & froid. Il
30 b ste Baltid.	♏ ne faut point seigner ny purger.
31 C Sexagesim	♐ Il ne faut point seigner ny purger.

FEVRIER

Le soleil entre dans le signe des Poissons, le 19. se leu
à 6. heures & se couche à 5. heu. 8. minutt.

1 d s. Ignace   Il ne faut point purger ny seigner.
2 e Purification   Temps couuert & pluuieux.
3 f s. Blaise E.   point seigner.   [de iupiter à la lune
4 g s. Auentin   Purger la melancolie a cause du sexti
5 a ste Veroniq   Ne faut point purger ny seigner.
6 b ste Doroth   Nouuelle lune le 5 à vne heure apre
7 Quinquag.   midy, temps humide & vents froid.
8 d s. Didier   Ne faut point purger ny seigner à caus
du quadrat de mars & de l'opposition de saturne à la lune
9 e Mardy gras   Purger la pituite & la melacolie a caus
10 f les Cendr.   de la conjonct. de iup. & du trine de mar
11 g s. Seuerin   Purger la bille & la pituite à cause du
12 a ste Eulalie   sextil du soleil & de venus à la lune.
13 b s. Valentin   Premier quart. le 13. à 2. heu. 3. minut
14 c Quadrag.   du matin, broüillards & pluyes.
15 d s. Scolasti.   Il ne faut purger ny seigner. (à la lune
16 e ste Iuliane   Purger la bille a cause du trine de venu
17 f s. Temps   Purger la melancolie a cause du trin
18 g s. Sabin   de iupiter à la lune.   (à la lune
19 a s. Syluian   Purg. la pituite a cause du trine de mar
20 b s. Alexis   Plei. lu. le 20. à 3. h. 48. m. apres midy
Temps gaillard & froid auec vents.
21 c Romain.   Ne faut point purger ny seigner a caus
22 d s. Simeon   du quadrat de mars a la lune.
23 e ste Helene   Purger la pituite à cause du sextil d
24 f s. Mathias   soleil à la lune.
25 g s. Policarp   Purger la bille & la pituite a cause d
26 a s. Alexand.   trine du soleil & de Venus.
27 b s. Landry   Ne faut point purger ny seigner à caus
28 c s.   du quadrat de Saturne à la lune.
Dernier quartier le 28. à 3. heu. 54. minutes du matin, temp
beau & sec, puis changé en grezil & niesle.

MARS.

Le soleil entre dans signe d'Aries le 20. se leue à 6. heu. & se couche à 6. heures 4. minut.

	1 d sainct Aubin	urger la melancolie a cause du quadrat de iupiter a la lune.
n	2 e s. Longis.	urger la pituite & la bille a cause du
t	3 f s. Marin	sextil du soleil & de venus a la lune.
	4 g s. Adrian	urger la melancolie à cause du sextil de iupiter a la lune.
r	5 a s. Eusebe	urger la pituite a cause du sextil de
u	6 b s. Lucian	mars à la lune.
n	7	Ne faut point purger ny seigner a cause de l'opposition de saturne.
u	8 d s. Th. d'Aq.	Ne faut point seigner ny purger.
d	9 e 40 martirs.	ou. lune le 8. à 4. h. 37. m. du matin.
	10 f s. Constan.	urger la pituite a cause du trine de
u	11 g s. Firmin	mars à la lune. temps changé.
	12 a s. Anselme	temps venteux, puis beau.
n	13 b ste Eufrase	urger la bille & la pituite a cause du
u	14 c	sextil de venus & du soleil à la lune.
n	15 d s. Zachar	Ne faut point purger ny seigner.
n	16 e s. Longin	re. qu. le 15. à 4. h. du mat. tẽps beau.
a	17 f s. Cyriaque	urger la melãcolie, la bille & la pituite
d	18 g s. Gabriel	a cause du trine de iupiter, du soleil &
	19 a s. Ioseph	venus à la lune. point seigner.
u	20 b s. Ioachaim	Ne faut point purger a cause de la con-
	21	jonction de saturne à la lune.
d	22 d Prin-temps	leine lune le 22. à 5. heures du matin.
	23 e s. Agapie	temps couuert & plain de nuages.
d	24 f s. Paul Arc.	Ne faut point purger ny seigner.
	25 g	Ne faut point seigner ny purger.
u	26 a	Ne faut point purger ny seigner.
	27 b s. Iean l'h.	urger la melancolie & la pituite a cau-
n	28 c PASQVE	se du trine de iupiter & du soleil.
	29 d s. Ysidore	Ne faut point purger ny seigner.
	30 e s. Quirin	ernier quartier le 30. à 1. heure du
	31 f ste Sabine	matin, vents septentriaunaux.

Le soleil entre dans le signe du Taureau le 20. se leue à 5. h. 8. m. & se couche à 6. h. 52. minuttes.

1 g sainte Marie	♒ Ne faut point purger ny seigner.
2 a saint Nicier	♒ Ne faut point purger ny seigner a cause de l'opposition de saturne à la lune.
3 b s. Ancelme	♓ Purger la Pituite à cause du sextil de
4 c Quasimodo	♓ iupiter à la lune.
5 d s. Ambroise	♈ Nouuelle Lune le 6. à 5. heu. 31. min.
6 e s. Boniface	♈ du soir, temps froid & gaillard.
7 f s. Celestin	♈ Purger la bile & la pituite a cause du trine
8 g s. Huges	♉ de mars & la conionct. de Ven. à la lune.
9 a sainct Leon	♉ Ne faut point purger ny seigner a cause
10 b ste Apolin.	♊ du quadrat de saturne a la lune.
11 c s. Milet E.	♊ Point seigner. (de mars à la lune.
12 d saint Zenon	♋ Ne faut point purger a cause du quadr.
13 e s Tiburce	♋ Prem. qu. le 13. à 1. h. du mat. pluyes.
14 f s. Maximin	♌ Purg. la melancolie a cause du trine de
15 g 7. Vierg. m.	♌ iupiter a la lune. temps variable.
16 a ste Helene	♍ Ne faut point purger a cause de la con-
17 b s. Fremin	♍ jonction de saturne à la lune.
18 c s. Anicet	♎ Plei. lu. le 21 à 1, h. temps continué.
19 d s. Eleutere	♎ Ne faut point purger a cause du qua-
20 e tra͂sl. s. Agn.	♎ drat de mars a la lune.
21 f s. Sulpice	♏ Purger la pituite a cause du sextil de
22 g s. Opport.	♏ mars à la lune. (de satur. à la lune.
23 a s. George	♐ Ne faut point purger a cause du quadrat
24 b s. Calixte	♐ Purger la melancolie a cause du trine
25 c S. Marc E.	♐ de iupiter a la lune.
26 d ste Suzane	♑ Ne faut point purger a cause de la con-
27 e s. Marcelin	♑ jonction de mars à la lune.
28 f sainct Vital	♒ Purger la melancolie a cause du sextil de iupiter à la lune. Dern. qu. le 27 a 8 h. du soir, changé.
29 g s. Pierre m.	♒ Purger la pituite a cause du sextil du (soleil a la lune. temps beau suiuy de vents.
30 a s. Euttrope	♒ Ne faut point purger ny seigner a cause de l'opposition de saturne à la lune.

MAY.

Le Soleil entre dans le signe des Gemeaux le 21. se leue à 4. h. 24. m. & se couche à 7. 36. m.

1 b S. Iacq. S. Ph ♓ Il ne faut point purger ny seigner.
2 C Rogations ♓ Ne faut point purger ny seigner.
3 d Inu. ste Croi. ♈ Il ne faut point purger ny seigner.
4 e ste Moniqu ♈ Il ne faut point purger.
5 f s. Yues, coñ. ♉ N ouuelle lune le 6 à 5 heure 51 minut-
6 g M. S. Iea p. ♉ tes du matin, temps agreable & beau.
7 a ste Mastie ♊ Il ne faut point purger ny seigner.
8 b App. s, Mic. ♊ Ne faut point purger ny seigner.
9 C traf. s, Nic. ♋ P remier quart. le 12. à 7. heures 56. mi.
10 d s. Alexand. ♋ du soir, temps variable & humide.
11 e s, Gregoire ♌ Ne faut point purger ny seigner le 12.
12 f s, Mameres ♌ ny le 13. a cause de la conjonction de
13 g s, Serues ♍ saturne à la lune.
14 a s. Geruais ♍ P urger la pituite a cause du trine de
15 b N. D. des Ve. ♍ mars & du soleil a la lune.
16 C Pentecofte ♎ Ne faut point purger ny seigner.
17 d s, Honoré ♎ Il ne faut point purger a cause du qua-
18 e s, Robert ♏ drat de mars a la lune.
19 f 4. Temps ♏ P leine Lune le 20. à 6. heu. 57 min. du
20 g s, Paul her. ♐ matin, temps brouillé puis beau.
21 a s. Pierre Pa. ♐ P urger la melancolie a cause du trine dé
22 b s, Donatiã. ♐ iupiter a la lune.
23 C La Trinité ♑ Ne faut point seigner.
24 d s, Didier ♑ Ne faut point purger a cause du quadrat de mars a la lune.
25 e s, Vrbain ♒ P urger la pituite a cause du trine du
  soleil à la Lune.   Temps variable
26 f s, Medard ♒ P urger la melancolie a cause du sextil
27 g Feste Dieu ♒ de iupiter a la lune.
28 a s, Germain ♓ Ne faut point purger ny seigner.
29 b s, Iean pap ♓ P urger la pituite a cause du sextil de
30 C s, Basile ♈ mars a la lune.
31 d s. Maximin ♈ P urger la melancolie a cause de la conionction de Iupiter & du sextil du soleil a la lune.
  D ernier quartier le 28. enuiron midy, temps remis au beau.

Le Soleil entre dans le signe de Cancer le 22. se leue à 4. L
heu. 4. minu. & se couche à 7. h. 36. minut.

1	e s. Felix pap.	♈ Il ne faut point purger a cause du qua-	1
2	f s, Marcelin	♉ drat de mars a la lune.	2
3	g ste Clote	♉ Ne faut point purger a cause du qua-	3
		drat de saturne à la lune.	4
4	a s. Honoré	♊ Purger la melancolie a cause du sextil	5
5	b s. Boniface	♊ de iupiter a la lune.	
6	c s. Claude	♋ Nou. lu. le 6 a 3 h. 36 mi. apres midy.	6
7	d s, Robert	♋ Ne faut point purger a cause de l'oppo-	
		sition de mars à la lune. Temps sec & agreable.	7
8	e s. Medard	♌ Purger la melancolie à cause du trine	
		iupiter à la lune. Temps continué au beau.	8
9	f s. Paul patri.	♌ Il ne faut point purger a cause de la con.	9
10	g s, Fráç. dep.	♍ jonction de saturne a la lune.	10
11	a S. Barnabé	♍ Purger la pituite a cause du trine de	11
12	b s, Basile	♎ mars a la lune.	12
13	c s. Anthoine	♎ Premier quartier le 13 a vne heure 49	13
14	d saint Agnan	♏ minuttes apres midy, temps broüillé	14
15	e s, Modeste	♏ & orageux, suiuy de tonnerres.	15
16	f saint Prim	♐ Purger la pituite & la bille a cause du	16
17	g 253. mart.	♐ trine du soleil & de venus a la lune.	17
18	a ste Marine	♑ Purger la melancolie a cause du trine	18
19	b s, Ger. s. Pr.	♑ de iupiter à la lune.	19
20	c s. Syluestre	♑ Ne faut point seigner ny purger.	20
21	d Recom.	♑ Ne faut point purger ny seigner.	21
22	e s, Leufroy	♒ Pleine lune le 22. a 4 heures 22 minut-	22
23	f Vigile.	♒ tes apres midy, temps au beau mais de	23
24	g S. Iean Bap	♓ peu de durée. point seigner.	24
25	a trás. s. Eloy	♓ Il ne faut point purger ny seigner.	25
26	b dedi. s. Hil.	♓ Purger la pituite & la bille a cause du	26
27	c ste Irenée	♈ trine du soleil & du sextil de mars à la lu	27
28	d Vigile	♈ Ne faut point seigner.	28
29	e S. Pier S. P.	♉ Dernier quar. le 29 a 10 heu. du matin	29
30	f con. s. Paul	♉ Ne faut point purger ny seigner.	30

Temps orageux & pluuyeux.

IVILLET,

.. Le soleil entre dans le signe du Lion le 23. se leue à 4. heu.
.24. minut. se couche à 7. heu. 56. minut.

l. 1 g s, Thibault	♊	Ne faut point purger.
2 a visit. N. D.	♊	ouuelle lune le 3 à 6 heures 41 minu-
l. 3 b s, Leon pap.	♋	tes du soir, serenité fort agreable.
4 c trã. s. Mar.	♋	Ne faut point purger.
il 5 d s, Martial	♌	Ne faut point purger ny seigner a cause
de l'opposition de mars a la lune.		
6 e s, Trãquilin	♌	urger la melancolie a cause du trine
de iupiter à la lune.		Temps variable & brouillé.
7 f trãs. s, Tho.	♍	Ne faut point purger a cause de la con-
jonction de saturne a la lune.		
8 g s, Raphaël	♍	urger la pituite a cause du trine de
l. 9 a ste Cyrille	♎	mars a la lune.
10 b ste Rusine		remier quartier le 10 a vne heure a-
le 11 c trãs. s, Ben.	♏	pres midy chaleur grande.
12 d s, Prim, ma.	♏	Ne faut point purger ny seigner.
9 13 e s, Agapite	♏	Il ne faut point purger a cause du qua-
le 14 f s, Bonauen.	♐	drat de saturne a la lune.
15 g s, Iacq. En.	♐	Il ne faut point purger ny seigner.
lu 16 a s. Augustin	♑	urger la melancolie a cause du trine
17 b s, Alexis c.	♑	de iupiter à la lune.
x 18 c s, Clair		leine lune le 18 à 2 heure 6 minuttes
19 d ste Radegõ	♒	du matin, temps doux & beau.
20 e ste Margu.	♒	Il ne faut point purger.
21 f s, Victor	♓	urger la melancolie a cause du sextil
z. 22 g ste Magde	♓	de iupiter a la lune.
de 23 a s, Apollin	♓	urger la pituite a cause du trine du
24 b Vigile	♈	soleil & du sextil de mars a la lune.
25 c la s. Ib.	♈	Il ne faut point purger ny seigner.
du 26 d iour e.a.	♉	Dernier quartier le 26 a 9 heu. 46 m.
lu 27 e ste Marthe	♉	du matin, touffeur accompagnée de
28 f ste Anne	♊	tonnerre & pluye.
in 29 g s, Panthal.	♊	Il ne faut point purger.
30 a s, Abdon	♋	Ne faut point purger ny seigner.
31 b s, Germain	♋	Il ne faut point purger ny seigner.

T   B

A O V S T.

1 c s. Pier. és li.   N ouuelle lune le 2 a vne heure 36. mi-
2 d s, Estien. pa.   nuttes du matin, temps chaud & mal
3 e Iuu. s, Estie.   faisant, suiuy d'esclaires.
4 f s, Dominiq.   Ne faut point purger a cause de la conjonction de iupiter a la lune.
5 g N.D. des Ne.   purger la pituite a cause du trine de
6 a s, Sauueur   mars a la lune.
7 b ste Barbe   Ne faut point purg. a cause du quadrat
8 c s, Seuerin   de mars & l'opposit. de iupiter à la lune.
9 d Vigile   prem. q. le 9 à 1 h. du mat. moderation.
10 e s, Laurens   Point seigner.   (soleil a la lune.
11 f ste Susanne   purger la pituite a cause de trine du
12 g ste Claire   purger la melancolie a cause du trine
13 a s, Eusebe   de Iupiter à la lune.
14 b Vigile   Ne faut point purger a cause de la conjonction de mars a la lune.
15 c Assomption   purger la bille a cause du trine de Ve-
16 d s, Roch   nus a la lune.
17 e s, Liberal   pleine lune le 17 a 3 heu. 32 minuttes
18 f s, Agapie   du matin, gresles, pluyes & orages.
19 g s, Philbert   urger la pituite a cause de sextil de
20 a s, Bernard   mars a la lune.
21 b s, Syphor.   Il ne faut point purger a cause du qua-
22 c Fortune   drat de mars a la lune.
23 d s, Thimot.   purger la pituite a cause de trine de
24 e s, Barthel.   point seigner.   (mars a la lune.
25 f s, Louys R.   der. q. le 24 a 6 h. 28 m. du soir changé.
26 g s, Zepherin   urger la pituite & la melancolie a cau-
27 a s, Sulpice   se des sextils de iup. & du soleil à la lune.
28 b s, Augu. Eu   Il ne faut point purger a cause de l'opposition de mars a la lune.   Temps estouffaut.
29 c Dec. s. Iean   purger la bille a cause du sextil de Ve-
30 d s, Fiacre   nus a la lune.   Temps changé.
31 e s, Felix   Nou. lune le 31 à 9 heu. 31 minuttes du
matin, vents frais & plain de nuages.

SEPTEMBRE

Le soleil entre dans le signe des Balances le 23. se leue à 6. heu. & se couche à 6. heures 4. minut.

i.	1 f s, Leu s, Gil.	♍ Purger la pituite a cause du trine de
a	2 g s, Lazare E.	♎ mars a la lune.
	3 a s, Loup Eu,	♎ Ne faut point purger ny seigner.
r.	4 b s, Marcelin	♏ Il ne faut point purger a cause de l'op-
	5 c s, Victor E,	♏ position de iupiter & du quadrat de
le	6 d s, Zacharie	♐ mars a la lune. point seigner.
	7 e s, Cloud, có,	♐ rem.q. le 7 à 3 h. apres midi, véts froid.
at	8 f Nat. N.D.	♐ urger la melancolie & la bille a cause
e.	9 g s, Adrian	♑ du sextil de venus a la lune.
n.	10 a s, Prothe	♑ Il ne faut point purger ny seigner.
e.	11 b s, Cyr. con,	♑ Ne faut point purger, à cause de la con-
lu	12 c s. Philip. m	♒ jonction de mars a la lune.
le	13 d s, Cornel	♒ urger la melancolie.
	14 e Ex. s. c on	♓ Il ne faut point purger ny seigner.
l-	15 f 4. Temps	♓ leine lune le 15 a 5 heures 49 minuttes
	16 g s. Nicomed	♈ du soir, vents septentrionaux.
:-	17 a s, Richard	♈ Il ne faut point purger ny seigner.
	18 b s, Lambert	♈ urger la melancolie a cause de la con-
:3	19 c s, Enselme	♉ jonction de iupiter à la lune.
	20 d Vigile	♉ urger la pituite a cause du trine de
le	21 e s, M ...	♊ mars à la lune. point seigner.
	22 f Va ...	♊ Il ne faut point purger ny seigner.
i-	23 g s, Lin pape	♋ ern.q. le 22 a 11 h. du soir, temps sec.
	24 a s, Maurice	♋ Il ne faut point purger a cause de l'op-
le	25 b s, Fremin	♌ position de mars a la lune.
e.	26 c s. Senateur	♌ urger la melancolie a cause du trine
é.	de iupiter à la lune. point seigner.	
u.	27 d s, Cos, s. D.	♍ Il ne faut point purger a cause de la
le	28 e s, Exuper	♍ conionction de saturne a la lune.
	29 f s. Michel	♎ Nouuelle lune le 29 a 3 heures 10 mi-
)-	30 g s. Hieros,	♎ nuttes apres midy, temps inconstant.

e-

lu

Le soleil entre dans le signe de l'Escorpion le 23. se leue à 6. heu. 52. minut. & se couche à 5. h. 8. minut.

1 a sainct Remy	♎	Il ne faut point purger ny seigner a	1
2 b sainct Leger	♏	cause du quadrat de mars à la lune.	2
3 sainte Foy		urg. la pituite & la bille a cause du sex	3
4 d s, François	♓	til de mars & conjonct. de venus à la lune	4
5 e s, Placide		urger la melancolie a cause du trine	5
6 f sainct Bruno	♑	de iupiter a la lune.	6
7 g s, Marc, pa,	♑	remier qu. le 7 a 10 heu. 24 minu. du	7
8 a ste Brigite	♑	mat. vent importun suiuy de pluyes.	8
9 b	♒	Ne faut point purger ny seigner.	9
10 ste Tanche		urg. la melancolie & la pituite a cause	10
11 d s, Nicaise	♓	du sextil de iup. & du trine du sol. à la lu.	11
12 e 4969 mart.	♓	Il ne faut point purger a cause de l'op-	12
13 f s, Girard	♓	position de saturne a la lune.	13
14 g s, Calixte		urg. la pituite & la bille a cause du sex-	14
15 a s, Leonard	♈	til de mars & du trine de venus la lune.	15
16 b s, Mich. du	♉	Ne faut point purger a cause du qua-	16
17 s, Florent	♉	drat de mars a la lune. (mide	17
18 d	♊	le lu. le 15 à 8 h. 38 m. vent froid & hu-	18
19 c s, Sauinien	♊	Il ne faut point purger a cause du qua-	19
20 f s. Hilarion	♋	drat de saturne a la lune.	20
21 g vnze milvi.	♋	Il ne faut point seigner.	21
22 s, Seuere E.	♌	ernier qu. le 22 a 8 heu. 4 m. du mat.	22
23 b s, Magloi.	♌	matinées fraische. (de iupi. a la lune	23
24 s, Melon		urger la melancolie, a cause du trine	24
25 d s, Crespin	♍	Il ne faut point purger a cause de la	25
26 e s, Armand	♍	conionction de saturne a la lune.	26
27 f Vigile	♎	Il ne faut point purger ny seigner,	27
28 g	♎	Il ne faut point seigner.	28
29 a ste Gen, de	♎	ouuelle lune le 28 a 8 heu. 7 minu. du	29
30 b s, Serapion	♏	matin, neiges aux montagnes.	30
31 s, Quer. vi.	♏	Il ne faut point seigner ny purger.	31

NOVEMBRE

Le soleil entre dans le signe du sagitaire le 22. & se leue à 7. heu. 36. minut. se couche à 4. heu. 24. minut.

1 d	La Toussain		purger la melancolie & la pituite a cau-
2 e	Les Trespas.		se du trine de iupiter ny le 2. 3. & 4. &
3 f	S. Marcel		du sextil de mars a la lune.
4 g	s, Char. Bo,		Il ne faut point purger ny seigner.
5 a	s, Zacharie		prem. qu. le 6 à 7 h. 4 min. du matin,
6 b	s, Leonard		vents froid, humide & pluuieux.
7 c	s, Herculin		purger la melancolie a cause du sextil
8 d	4. Couron.		de iupiter & de venus a la lune.
9 e	s, Mathurin		Il ne faut point purger a cause de l'op-
10 f	s, Mart, pa.		position de saturne a la lune.
11 g	s, Martin		purger la pituite & la bille a cause du
12 a	s, René Eu,		sextil de mars & du trine de venus a la lu.
13 b	s, Brice Ar,		plaine lu. a 9 h. du soir, humidité grāde
14 c	s. Vetran		Il ne faut point purger a cause du qua-
15 d	s, Marcoul		drat de mars à la lune.
16 e	s, Eugene		purger la pituite & la melancolie a cau-
17 f	s, Agnan		se du sextil de iupiter & du trine de
18 g	s, Romain		mars a la lune. Ne faut point seigner.
19 a	ste Elisabet		purger la bille & la melancolie a cause
20 b	s, Odde		du trine de iupiter & venus a la lune.
21	presen. ND.		ern. qu. le 20 a 4 h. du soir, neiges.
22 d	ste Cecile		Il ne faut point purger ny seigner a cau-

se que le soleil entre dans le sagitaire, & saturne en conjonction a la lune.

23 e	s, Clement		purger la bille a cause du sextil de
24 f	s, Chryso,		venus a la lune.
25 g	ste Cathe.		purger la pituite a cause du trine de
26 a	ste Gen, des		mars a la lune. neiges froides.
27 b	s, Agricole		nouuelle lune a 11 heu. 18 m. du soir,
28 c	l'Aduent		changement de temps.
29 d	Vigile		Il ne faut point purger a cause du qua-

drat de saturne a la lune.

| 30 e | s, André. | | purger la pituite a cause du sextil de |

mars a la lune.

DECEMBRE.

Le soleil entre dans le signe du Capricorne le 22. se leue à 7. heu. 36. min. se couche à 4. he. 4. min.

1 f sainct Eloy	♑	Il ne faut point purger ny seigner.
2 g sainct Ferry	♑	Prem. qu. le 6. a 4 h. du mat. neige froide
3 a saint Gatian	♒	Purger la melancolie & la pituite a
4 b ste Barbe	♒	cause du sextil de iup. & du sol. a la lun.
5 C sainct Amy	♓	Il ne faut point purger a cause de la con-
6 d S, Nicolas	♓	ionction de mars a la lune.
7 e s, Ambroise	♓	Il ne faut point purger ny seigner a cau-

se de l'opposition de saturne a la lune.

8 f Concep. ND	♈	urger la melancolie a cause de iupi-
9 g s, Ioachaim	♈	ter ioinct a la lune.
10 a s, Melciade	♉	urger la pituite a cause du sextil de
11 b s, Victor	♉	mars a la lune.
12 C s, Paul Eu.	♊	point seigner ny purger.
13 d sainte Luce	♊	leine lune le 13 à 9 heur. 42 minut. du
14 e s, Clement	♋	matin, temps venteux & neigeux.
15 f 4. Temps	♋	Il ne faut point purger ny seigner.
16 g ste Nicaise	♌	Il ne faut point purger ny seigner.
17 a s, Lazare	♌	urger la melancolie a cause du trin.
18 b s, Maxime	♍	de iupiter à la lune.
19 C s, Valentin	♍	Ne faut point purger a cause de la con-
20 d 30 martirs	♎	jonct. de satu. & de l'opposit. de mars
21 e S. Thomas	♎	ernier qu. le 20 à 1. h. du mat. gelée
22 f s, Dag. R. F.	♏	urger la pituite a cause du sextil du
23 g l'Hyuer	♏	soleil a la lune. point seigner
24 a Vigile	♏	vents cuisans & suiuis de neiges
25 b NOEL	♐	Il ne faut point purger ny seigner.
26 C S, Estiene	♐	Il ne faut point purg r a cause du qua-
27 d s, Iean Eu.	♑	drat de saturne & mars à la lune.
28 e Les Innoc.	♑	ouuel lu. le 27 a 5 h. du soir, froidure
29 f s, Tho, E.	♑	urger la pituite & la bille a cause du
30 g ste Sabine	♒	sextil de mars & de venus a la lune.
31 a s, Siluestre	♒	urger la melancolie a cause du sex-

til de iupiter a la lune. Temps couuert & obscur

Declaration sur les quatre Eclipses de la presente année 1655.

EN ceste presente année 1655. nous aurons quatre Eclipses, mais il ny aura que celuy du Soleil qui paroiſtra ſur noſtre Horiſon le ſixième Fevrier enuiron midy 36. minuttes, l'effect de cette eclipſe tombera en partie ſur le Piedmont & ſur le Mont-Ferrat, & par ce que la Lune ſera la maiſtreſſe & directeur general de l'Vniuers : cette année ſera beaucoup humide & pluuieuſe, les fievres auront grand cours, & les gouteux en receuront de la douleur.

Obſeruation ſur les Lunes.

ENtre tous les iours qui te ſont marquez dans cét Almanach, il y a les iours que la Lune entre dans ſon renouueau, & en chaque quaitier & d'oppoſinion qu'on appelle plaine Lune, leſquels il faut obſeruer autant regulierement que tu pourras, & ſçache qu'il ny a neceſſité qui tienne, par ce qu'ils ſont tous fatals par les raiſons qu'en auons donnez dans noſtre Guidon, mais pour les autres iours qui regardent les aſpects de Saturne & de Mars, il les faut auſſi obſeruer, non pas ſi ſingulierement comme ceux de la Lune & du Soleil, neceſſité aduenant on peut paſſer par deſſus leſdits aſpects de Saturne & Mars auec la Lune ; c'eſt ce que tu dois admettre au iengement du Medecin : qui bien expert t'en donnera ue nouuelles raiſons pour cauſe des nouueaux acciens qui peuuent arriuer de temps en temps, auſquels il faut remedier le plus promptement qui te ſera poſſible.

CATALOGVE DES VILLES
où l'on bat Monnoye au nom & armes du Roy de
France; auec les lettres dont chacune d'icelle Mon-
noye est marquée, pour connoistre la Ville où elle
aura esté faite.

PREMIEREMENT.

A	Signifie	Paris.
B		Roüen.
C		Sainct Lo.
D		Lyon.
E		Tours.
F		Angers.
G		Poictiers.
H		La Rochelle.
I		Limoges.
K		Bourdeaux.
L		Bayonne.
M		Toulouze.
N		Montpellier.
O		Rion.
P		Dijon.
Q		Narbonne.
R		Ville-neuve, les Auignon.
S		Troyes.
T		Nantes.
V		Amiens.
X		Aix.
Y		Bourges.
Z		Grenoble.
9		Rennes.

ADVE

ADVIS AV LECTEVR.

MOn tres-cher Amy Lecteur.

Ayant appris par mes longues estudes les
moyens qu'il faut tenir pour connoistre la cause
premiere des maladies, ses accidens, & les signes
qui les precedent, comme aussi ce qu'il faut obseruer pour conseruer & recouurer la santé, qui
est vn des premiers tresors & le plus estimable qui
soit en la nature, lequel neantmoins on neglige
le plus, à cause qu'il n'est pas connu dans son prix,
qu'apres qu'on l'a perdu. Cette perte estant connuë à tous les hommes, mesmes aux plus sages,
n'a fait ietter les yeux sur les choses superieurs
pour en sçauoir la cause, d'autant qu'il n'y a rien
en la nature qui ne soit dominé par icelles, ainsi
que plusieurs Docteurs & saints Personnages ont
remarqué, comme S. Augustin & S. Thomas,
& ce grand Aristote, sur la fin du troisiesme liure
de la Generation des Animaux, dit, que cette
vertu animale que nous respirons & qui est res-
panduë par toute la terre, prend son origine des
Cieux ; car tout ainsi que nos corps suiuent les
passions de l'ame, nostre ame suit aussi celle du
monde, qui prouient des influences des Cieux ;

C

_autant qu'il y a subordination de la cause sup
rieure à l'inferieure. Nôstre ame qui est attaché
au corps & qui n'aspire que par cét esprit vniuer
sel qui procede des Astres, comme dit Aristote
il faut par consequent qu'elle se ressente de leur
influences successiuement apres le corps plus ou
moins, ensuiuant la diuersité de leurs radiatio
ou influances, ainsi que nous voyons d'ordinair
par les effets des Eclipses du Soleil & de la Lune
lesquels venant à Eclipser dans vn Signe qui do
minera quelque region, leur effect tombera su
les personnes qui habitent dans la region qui ser
dominée par ledit Signe, mais encores plus par
ticulierement sur celles qui auront pour ascen
dant, ledit Signe ainsi qu'on a veu par l'Eclip
du Soleil qui se fit à ce Signe du Mouton maiso
de Mars, le huitiesme du mois d'Avril en l'anné
1652. lequel presagea cette grande mortalité d
personnes qui arriua dans Paris & en plusieur
autres endroits, par maladies & fiévres ardante
Dieu veüille qu'il n'en soit pas dauantage ; Tou
les Eclipses ne presagent pas tousiours vn mesm
effet à cause de la diuersité des Signes dans les
quels les Eclipses se font. Ce n'est pas à dire aus
qu'il ny ayt d'autres constellations qui presager
mortalité d'hommes & d'animaux & diuerse
maladies, ainsi que nous voyons tous les iour
De dire qu'il soit en la puissance d'vn Medecin n

l'vn Astrologue, de douner la vie ny la santé
aux personnes, c'est ce qu'il ne faut pas croire ; si
cela estoit, tout le monde voudroit estre Medecin
& Astrologue, il ny a que Dieu seul qui donne la
vie aux hommes, mais tout ce que peuuent faire
le Medecin & l'Astrologue, l'vn pour soulager le
malade & diminuer la peine qu'il pourroit souffrir
par le moyen de ses remedes comme Medecin;
& l'autre la diuersité du temps de l'euenement de
la cause du mal qui luy doit arriuer & du temps
qui sera propre & contraire pour seigner & medicamenter ; l'vn & l'autre estans consultez on
peut esuiter la maladie [sinon en tout ou partie,]
par ce que bien souuent l'on se purge en vn
temps contraire & sans ordre de Medecin, qui
fait que l'on tombe dans vn plus grand mal . c'est
pourquoy i'ay voulu vous donner ce Guidon auec
l'Almanach Medecinal, à celle fin que vous ap-
preniez les ordres qu'il vous faudra tenir à obseruer, tant pour la seignée que pour la purgation,
le temps & les aages ensuiuant la diuersité des humeurs dont l'on est composée & qui nous predo-
minent pour la conseruation de la santé.

Extraict du Priuilege du Roy.

PAr grace & Priuilege du Roy. Il eſt perm
à Iacques Mengau Profeſſeur aux Mathe
matiques, de faire imprimer, vendre & diſtr
buer par tel Imprimeur que bon luy ſemblera,
*Guidon vniuerſel pour la conſeruation de la ſant
auec l'Almanach Medecinal*, qui eſt la premier
partie de la Science vniuerſel d'Hypocrate
Gallien. Faiſant deffences à toutes perſonnes d
quelque qualité & condition qu'elles ſoient, d'in
primer ou faire imprimer ledit Liure durant l
temps & eſpace de cinq ans, à compter du iou
qu'il ſera acheué d'imprimer, à peine de confi
cation des Exemplaires, de deux mil liures d'a
mande, & de tous dépens, dommages & intereſt
comme il eſt porté par ledit Priuilege. Donné
Paris le 26. iour de Iuillet 1649. Signé par le Ro
en ſon Conſeil, Renoüard. Et ſeellé du gran
Seau de cire jaune.

Ledit ſieur Mengau a cedé & tranſporté
André Chouqueux Maiſtre Imprimeur & Mar
chand Libraire à Paris, ledit Priuilege du *Guido
vniuerſel & Almanach Medecinal*, par acte paſſ
entr'eux, le 14 Octobre 1653. pour en iouyr l
temps porté par iceluy.

Acheué d'imprimer le 20. Decembre 1653.

ALMANACH
DV PALAIS.

'Ouuerture du Parlement se fait le lendemain de saint Martin, le 12. iour du
mois de Nouembre, auquel iour, Messieurs ayans leurs robbes rouges, oyent
la Messe au Palais, & apres reçoiuent le serment des
Aduocats & Procureurs, il finit le septiesme iour de
Septembre ; tellement qu'il dure dix mois quatre
iours, pendant lequel temps, ils vacquent cent iours,
en ce compris les Dimanches : de sorte qu'il n'y a que
sept mois à trauailler.

ENSVIVENT LES IOVRS ESQVELS
la Cour vacque, outre les Dimanches.

PRemierement en Nouembre, les 25. & 30.
iours.

En Decembre, les 6. 8. 21. 24. 25. 26. 27. & 28.
iours.

En Ianuier, les 1. 3. 6. & 13. qui est le iour S. Hilaire,
à cause du Parlement autrefois transferé à Poitiers,
& le 28. qui est le iour de saint Charlemagne.

Et neantmoins les veilles desdites deux festes saint
Hilaire, & saint Charlemagne, on ne laisse d'entrer
de releuée à l'ordinaire ou à la quinzaine, s'il y échet.

En Feurier, le 2. & 24. oubien le 25. en l'année de Bissexte.

En Mars, le 22. qui est le iour de la reduction de Paris, à cause de la Procession generale : & neantmoins l'on ne laisse de releuée la veille d'entrer à l'ordinaire.

Plus le 25. dudit mois, qui est la Nostre-Dame.

En Auril le 25. iour, feste de saint Marc.

En May, le 1. & le 2. qui est le iour de S. Gatien, la Cour vacque à cause du Parlement cy-deuant transferé à Tours, mais la Cour entre aussi à l'ordinaire la veille.

En Iuin, le 11. 24. & 29. En Iuillet, le 22. 25. & 29

En Aoust, le 10. 15. 16. 24. & 25. qui est le iour saint Louys.

Et encores la Cour vacque les iours qui ensuiuent, dont on ne peut cotter le quantiesme de chacun mois.

A sçauoir le iour des Cendres.

Le Mercredy de la semaine Sainte, & iusques au Ieudy d'apres Pasques inclusiuement. Le iour de l'Ascension.

La veille, & les trois festes de la Pentecoste.

Le iour des deux festes du saint Sacrement.

Vn iour en Iuin pour le Landy, pendant la foire saint Denis.

La Chambre des Vacations commence le 9. de Septembre, & finit le 27. d'Octobre, qui est la veille S. Simon & S Iude, & dure vn mois 18. iours, pendant lequel temps elle vacque 21. iours. Il y a en tout sept sepmaines, chacune desquelles, Messieurs les sept Presidens de la grand Chambre president à leur tour. Monsieur le premier President commence.

Pendant les deux mois des Vacations, la Cour vacque, à sçauoir

Au mois de Septembre, les 14. 21. & 29.

En Octobre, le 9. 18. & 28. & encore vn iour, pendant la foire saint Denis. Depuis ledit iour 28. Octobre, iusques au 11. Nouembre, qui est le iour saint Martin inclusiuement, tout est cessé au Parlement, & ne se fait aucun acte iudiciaire.

Est à noter, que le Palais ne perd point les festes qu'il a particulieres, qui ne sont festes par la ville.

Et de fait, quand elles viennent le Dimanche, ou en vne autre feste, elles sont remises par la Cour au premier iour ensuiuant.

Depuis Pasques, quand vne feste vient le Ieudy, l'on plaide le Vendredy matin à la grand'Chambre.

Les plaidoyers de la grand' Chambre commencent le premier Lundy de la huitaine franche d'apres la saint Martin, & finissent le quatorziesme d'Aoust.

Et neantmoins celles de releuée ne commencent qu'apres le iour saint André, & finissent à la fin du mois de May.

L'on ne plaide point dans la semaine Sainte, ny dans l'Octaue de Pasques.

Les Mardy & Vendredy sont appellez iours ordinaires, à cause que Messieurs entrent le matin & l'apres-disnée, pourueu qu'il ne soit veille de feste celebrée par toute la ville.

Depuis la saint Martin iusques en Caresme, la Cour se leue le matin à dix heures, & de releuée à quatre heures.

Pendant le Caresme seulement, la Cour se leue à vnze heures du matin, & commence de releuée à cinq heures : ce qui se continuë tout le reste du Parlement.

Les iours de Caresme-prenant, le Vendredy de l'Octaue de Pasques, qui est le iour de la reduction

des Anglois (que Meſſieurs vont à Noſtre-Dame)
& le iour ſaint Nicolas en May, la Cour ſe leue à
neuf heures : tellement que leſdits iours l'on ne va de
releuée au Palais.

C'eſt pourquoy le Prouerbe eſt demeuré : *Quand
a Cour ſe leue au matin, elle dort l'apreſ-diſnée.*

Les harangues aux ouuertures du Parlement, ſe
font deux fois l'année, à ſçauoir : Le premier Lundy
de la huitaine franche d'apres la ſaint Martin, & le
lendemain de Quaſimodo, par eſſieurs les Aduocats du Roy, à ſçauoir, le premier à la ſaint Martin,
& la ſeconde à Quaſimodo.

Nota, que l'on ne plaide point en la Cour des
Aydes, ny aux Requeſtes, que les harangues n'ayent
eſté faites au Parlement : c'eſt à dire, que les plaidoyries ne ſoient ouuertes audit Parlement.

Pendant que l'on plaide à la grand'Chambre, l'on
ne plaide en aucune iuriſdiction de l'encloſture du
Palais.

Le Lundy & Mardy, l'on plaide du roolle ordinaire des Prouinces & Bailliages.

Le Ieudy matin, du roolle extraordinaire.

Le Mardy & Vendredy de releuée du roolle extraordinaire & placets.

Et le Samedy, à la Tournelle.

Ladite Tournelle eſt compoſée de ſix Conſeillers
de la grand'Chambre, & huict des Enqueſtes : Le
Doyen de la grand'Chambre, & celuy de la pre-
niere des Enqueſtes ſont (s'ils veulent) exempts de
la Tournelle.

Meſſieurs les Aduocats du Roy vont de trois mois
en trois mois à la Tournelle alternatiuement, dont
le premier de Meſſieurs commence, à ſçauoir depuis
a ſaint Martin iuſqu'à la Chandeleur : le ſecond
iuſqu'à

iufqu'à Pafques, à la faint Iean, & iufqu'au 6. de Septembre.

Les iours de la prononciation en robbes rouges,
font la fur-veille de Noël, le Mardy de la femaine
Sainte, la fur-veille de la Pentecofte, & le 6. Septembre, lefquelles fe font, à fçauoir, celles de Noël
& de Septembre, par Monfieur le premier Prefident,
pource que ce font les premieres & dernieres. Les
deux autres fe font par Meffieurs les autres Prefidens
chacun à leur tour.

Lefdits iours, la Cour va à la feance pour les pri-
fonniers fors le 6. Septembre : & au lieu dudit iour,
c'eft la veille de faint Simon faint Iude.

Les Mercuriales font tous les premiers Mercredis
de chacun mois de releuée, s'il n'eft fefte, autrement
le Mercredy fuiuant.

Les iours de la quinzaine font les Lundy, Mercredy & Ieudy de releuée, pourueu qu'il ne foit veille
de fefte.

Et fi le Lundy eft fefte, ou veille de fefte, l'on
n'entre point ledit iour, ny les autres iours de la
mefme femaine à ladite quinzaine : & encor n'entre-
on le dernier Ieudy d'icelle quinzaine, qu'il foit
fefte ou non : laquelle quinzaine eft compofée de
vn de Meffieurs les Prefidens de la grand' Chambre
chacun à leur tour, & d'vn nombre de Confeillers
de ladite Chambre, & des Enqueftes auffi à leur tour,
& lefquels ne rapportent point,

Tous les iours de releuée qui ne font ordinaires,
Meffieurs de la Cour entrent par Commiffaires, fors
es veilles de Noftre-Dame d'Aouft, & du faint Sacrement.

Le premier roolle ordinaire eft de la Prouince de
Vermandois, duquel l'on commence à la faint Mar-

D

tin, & eſt continué iuſques à la fin de Decembre.

Depuis le commencement de Ianuier iuſques au quinzieſme, pour roolle du Bailliage d'Amiens.

Le roolle du Bailliage de Senlis ſe plaide le reſte dudit mois.

Apres la Chandeleur l'on commence du roolle de Paris, duquel l'on a accouſtumé de plaider tout le Careſme, & quelquesfois apres Paſques, ſelon la volonté de Monſieur le premier Preſident.

Le lendemain de Quaſimodo, l'on commence le roolle de Champagne & de Brie. & finit au commencement ou au quinzieſme de May, quelquesfois le reſte dudit mois.

Le roolle de Poitou ſe plaide le reſte dudit mois de May & pendant tout le mois de Iuin.

Le roolle de Lyon ne ſe plaide que pendant la premiere quinzaine du mois de Iuillet.

Puis apres ſuit le roolle de Chartres, qui eſt grand, & dure tout le reſte des plaidoyries, fors les deux derniers iours, qui ſont employez, l'vn pour le roolle d'Angoulmois, & l'autre pour les preſentations.

Nota, que le quinzieſme d'Aouſt paſſé, l'on ne plaide plus à la grand'Chambre à huys ouuert, ains ſeulement à la Tournelle, & à la Chambre de l'Edit iuſques au ſeptieſme Septembre.

Vacations de Meſſieurs des Requeſtes du Palais.

Meſſieurs des Requeſtes du Palais ſont du Corps de la Cour, & pour ce vacquent les meſmes iours que fait le Parlement, & neantmoins leurs vacations ne commencent qu'apres la ſainte Croix de Septembre, pour les plaidoyries & preſentations, & finiſſent à la ſaint Denys que l'on recommence, &

continuënt iusques à la saint Simon, saint Iude.

*Les vacations de Messieurs de la Cour des Aydes,
font ès iours qui ensuiuent.*

Premierement tous les iours dessusdits, esquels le Parlement vacque fors pendant les vacations de Septembre & d'Octobre, que les deux Chambres sont reduites en vne : neantmoins on ne plaide point à huys ouuert.

Et outre lesdits iours des vacations du Parlement, lesdits Sieurs n'entrent point depuis le vingt sixiesme Septembre, iusqu'au cinquiesme Octobre inclusiuement.

Plus vn iour, pendant la foire saint Germain des Prez au mois de Feurier,

Le Lundy & Mardy gras.

La veille & le lendemain de la saint Iean Baptiste.

Les veilles des Festes de Nostre Dame.

La veille & le lendemain de la Magdelaine, & depuis ledit iour iusques au iour sainte Anne inclusiuement, par Arrest de ladite Cour, du   iour de

En consideration dequoy l'on a remis, & trauaille-on les iours esquels anciennement elle vacquoit, à sçauoir, depuis les Festes de Noël iusques aux Roys.

Les plaidoyries du roolle ordinaire, sont le Mercredy & Vendredy matin, & le Lundy de releuée pour l'extraordinaire, commençant en Decembre iusques à la fin du mois de May.

Pour la plaidoyrie du roolle ordinaire, elle commence apres que l'on a eu plaidé à la grand'Chambre.

Les plaidoyries finissent le sixiesme de Septembre.

Il y a au parlement sept presidens de la grand'. Chambre, dix Conseillers Clercs, & seize Conseillers Laïeqs.

Il y a cinq Chambres des Enquestes, en chacune desquelles il y a deux presidens, & vingt-cinq ou vingt-six Conseillers.

Deux Chambres aux Requestes du palais. Tellement qu'il y a en la Cour, compris la grand'Chambre & les Requestes, huict-vingts Conseillers ou plus

En la Cour des Aydes, il y a aussi deux Chambres, composées de quatre presidens, & vingt-cinq Conseillers.

Observation des iours que l'on ne plaide point au Presidial, & Siege ordinaire du Chastelet de Paris, outre les Dimanches & Festes solemnisées au Diocese de Paris.

EN Iannier, le treiziesme, qui est le iour sainct Hilaire.

Le vingt-deuxiesme, sainct Vincent.

Le vingt-huitiesme, sainct Charlemagne.

En Fevrier, le iour qu'il plaist à Monsieur le Lieutenant Ciuil, & à Messieurs les Conseillers du Siege, de choisir, pour aller à la foire sainct Germain Desprez.

En ce mois de Fevrier il y a le Ieudy & Mardy gras & en Mars le iour des Cendres, & le Ieudy de my-caresme.

En Mars, le vingt-deuxiesme iour, que l'on fait procession generale, à cause de la reduction de ville de Paris à l'obeïssance du Roy Henry quatriesme d'heureuse memoire, Roy de France & de Nauarre, qui fut en l'année 1594.

En Avril, quelquesfois en Mars (selon l'Epacte) en la semaine Sainte, on ne plaide que le Mardy & le Mercredy ny aussi en la semaine de Pasques, que le Samedy seulement ; parce que le Vendredy d'apres Pasques, en quelque mois qu'elles soient, on fait la procession generale pour la deliurance de la ville de Paris, hors la subjection des Anglois, qui fut en l'année 1436. du regne du Roy Charles septiesme.

En May, saint Gatian le deuxiesme iour.

La Translation saint Nicolas le neufiesme : & le lendemain, que l'on fait le seruice pour les Trespassez

Saint Yues, le dix-neufiesme iour.

La veille de la Pentecoste.

La Feste Dieu, & l'Octaue.

En Iuin, la foire du Landy, dont on ne peut cotter le iour. Et aussi l'Autheur a estimé superflu de cotter les Dimanches & Festes, d'autant que chacun sçait que tous iugemens & plaidoyries de procez cessent en ces iours.

En Iuillet, saint Germain de l'Auxerrois le trentevniesme.

En Octobre, le iour saint Remy.

Au mesme mois les Sermens, le Lundy prochain auant la saint Simon, saint Iude.

La veille de la Toussaints qui est le dernier iour du mois.

En Decembre la veille de Noël.

Seulement sera remarqué, que les iours certains des Foires saint Germain & du Landy n'ont pû estre cottez en leur lieu parce que cela dépend de Monsieur le Lieutenant ciuil, & de Messieurs les Conseillers de les nommer & choisir quand il leur plaist, ny aussi les Ieudy & Mardy-gras, le iour des Cendres

& le Ieudy de la my-Carefme ; parce que ces iours-
là font iours mobiles qui remuënt & changent tou
les ans, comme les iours de Pafques & autres Feftes
folemnelles, iufques à la Fefte-Dieu & Octaue.

Les vacations commencent le neufiefme Septembre, durant lefquelles on plaide la premiere quinzaine les Mercredis & Samedis ; & on fait les adju-
dications par decret, & baux iudiciaires ; mefmes les
prononcietions des deffauts iugez, & des Sentences
données au Confeil : Le refte defdites vacations on
plaide feulement les Vendredis & Samedis: & fe fon
auffi les baux iudiciaires lefdits iours de Samedis.

Le Lundy n'eft point iour plaidoyable audit Prefidial, ny au Siege ordinaire, non plus que le Dimanche, mais ce iour-là, & tous les autres efquels n'y a
point de Fefte celebrée au Diocefe, on ne laiffe pas
de plaider en la Chambre Ciuile & au Criminel ; &
les Clercs du Greffe reçoiuent toufiours les affirma-
tions, & actes de fubmiffions de cautions.

Eft aduenu neantmoins quelquesfois, que l'on a
plaidé le Lundy au Prefidial ; parce que la Cour de-
uoit faire ce iour-là Seance au Chaftelet, comme elle
fait tous les ans quatre fois ; à fçauoir, le Mardy de
la femaine Sainte, le Vendredy de deuant la Fefte de
Pentecofte, la veille de la Fefte faint Simon, faint
Iude, & fur-veille de Noël.

Icy font declarez les iours les plus heureux de toute
l'année, à vendre & achepter, femer, planter &
edifier heritages, & aller en pelerinage, en mar-
chandife, en guerre, ou en quelque lieu qu'on ay

GVIDON VNIVERSEL
POVR LA CONSERVATION
DE LA SANTE.

L'origine, excellence & antiquité des Ma-
thematiques, l'ordre & connexité qu'il
y a entre les Mathematiques & la Me-
decine, que les Grecs appellent Iatroma-
thetiques, sans laquelle (dit Hyppocra-
tes) vn Medecin ne sera jamais parfait
en la Medecine.

CHAPITRE PREMIER.

ENTRE toutes les sciences (suiuant le dire de Platon) desquelles nostre entendement qui par-
ticipe en quelque façon à la Di-
uinité, ayant esté fait par le souffle diuin, lors du premier ordre de la creation
dans le Paradis terrestre, Adam fut le premier

A

En Ianuier, le premier, deux, quatre, 6,8,& quinze
En Feurier, le sixiesme, dix sept, & dix-huitiesme
En Mars le sixiesme, dix sept, & dix-huitiesme,
En Auril le septiesme, quinziesme, & dix-sept.
En May, le septiesme, & quinziesme.
En Iuin, le sixiesme.
En Iuillet, le quinziesme & dix-huitiesme.
En Aoust, le dix-neufiesme & vingtiesme.
En Septembre le seiziesme, & dix-huitiesme.
En Octobre, le sixiesme.
En Nouembre, le quinziesme, & seiziesme.
En Decembre, le sixiesme, septiesme, & onziesme.

GVIDON

ducere originem.

Argolus Medecin Romain au liure qu'il a
fait *de diebus criticis* & de *cubitu ægrorum*, dit
quelle vtilité apporte l'Astronomie aux Medecins, l'experience le fait assez connoistre,
dautant que par les fondemens d'icelle, elle
rend leurs pronostics plus certains que les prin-
cipes de Medecine, tant pour la santé que pour
la mort.

Auicer ne sur ce propos fait vne demande
ou interrogation tres-admirable, à laquelle il
respond à mesme temps, pourquoy la science
des Astres est plustost necessaire à vn Medecin
qu'à vne autre personne, à celle fin, dit-il,
qu'il sçache faire election du temps propre &
contraire pour purger, saigner & medicamenter. Ce n'est pas sans cause aussi si Galien a dit
que les Medecins qui n'entendent point l'A-
strologie, sont pires que traistres & homicides,
ne connoissant pas ce qui est necessaire à la Medecine ; car il ne s'en trouuera pas possible de
cent vn, qui sçache iuger en quel temps il faut
preparer & appliquer vne medecine ; si vn Medecin qui n'entendra point l'Astrologie, ne
peut pas iuger en quel temps il faut preparer &
appliquer vne medecine, ny le temps propre
& contraire pour saigner, que feront tant de
Chirurgiens qui saignent le plus souuent sans

qui mit en lumiere la science des Mathematiques, laquelle pour raison de ce & de la certitude qu'il y a en icelle, toute l'Antiquité luy a donné le premier rang, & comme a dit Aristote, *Principem locum obtinere Mathematicas disciplinas à certitudine splendorem scientiæ, & præstantiam recipiant, & ab Vniuersa antiquitate consensu vnanimi adstipulata est :* de maniere que la science des Mathematiques, suiuant le dire d'Aristote, a esté la premiere & la plus noble entre toutes les sciences, non seulement de ce qu'elle a esté la premiere connuë & mise en lumiere ; mais eu esgard à la certitude de ses demonstrations, laquelle ayant esté diuisée en plusieurs parties, on a donné le premier rang à l'Astronomie, & fut nommée Mere de Sapience, & la plus noble entre toutes les sciences apres la Theologie, laquelle ne consiste pas seulement à demonstrer le mouuement des cieux, la qualité de leurs aspects & accidens qui arriuent sur toute sorte de corps, mais encore de ce qu'on y contemple la grandeur & les merueilles des ouurages de Dieu : de maniere que par cette science Galien a réconnu que le regime de ce monde & des viuans dépendoit tout à fait des Estoilles. Ce qui fut encore remarqué par Hyppocrate, lors qu'il dit, *Plurimos morbos ex Astrorum influentiis*

esté connus par de longues obseruations, les
Astrologues predisent les affections de l'air &
les constitutions des temperamens par l'horo-
scope, & de là Hyppocrate & Galien ont fait
de belles remarques sur le changement des sai-
sons, particulierement Galien dans le traité des
Iours de crises qu'il a fait ; premierement que
le changement de l'air qui se fait de iour en
iour, procede du mouuement des Estoiles, &
de leurs rayons. Il en est de mesme des hommes lesquels sont conduits & gouuernez par
les Estoilles aussi bien que les autres vegetans,
particulierement par le Soleil & par la Lune.

Masteller au liure qu'il a fait de l'art De-
uinatrice, dit que Hyppocrate & Galien ont
excellé en la Medecine, se seruant des preceptes de l'Astrologie ; ce que Galien affirme
luy-mesme ainsi que plusieurs ont escrit, que
toutes & quantes fois qu'yne personne tom-
boit malade la Lune estant dans vn signe où il
auoit vne Estoille d'amiable amitié à l'heure de
la natiuité, telle personne releuoit de la maladie ; au contraire si la Lune se trouuoit dans vn
signe où il y auoit eu vn planette de mauuaise
nature, le malade ne releuoit point de la maladie : c'est pourquoy ledit Masteller dit qu'vn
Medecin qui a la conscience bonne, se sert de
cette tres-noble & tres-diuine science : Elle est

ordonnance de Medec in? à plus forte raiſon
tant de Charlatans & Operateurs qui appli-
quent toute ſorte de remedes ſans conſiderer
ny les âges, ny le temperament des perſonnes?
Si Hyppocrate dit qu'il ne ſe faut pas ſoufmet-
tre entre les mains d'vn Medecin qui n'entendra point l'Aſtrologie, pourquoy ſe ſoufmet-on
à tant de Charlatans qui n'entendent ny Medecine ny Aſtrologie? De dire que la connoiſ-
ſance des Aſtres ne ſoit pas neceſſaire aux Medecins, ce feroit démentir tous les anciens Philoſophes, meſme Hyppocrate, Galien, Auicenne, & autres tant anciens que modernes,
ſectateurs d'Ariſtote & Aſtronomes, entre
leſquels Abeneſré & Ptolomée ſont beaucoup
conſiderables, mais par deſſus tous Sainct Au-
guſtin au troiſiéme tome de ſes Oeuvres, liure
3. de la Trinité chap. 4. pag. 93. lettre B. où il dit
que les corps inferieurs & plus groſſiers, ſont
gouuernez auec ſubordination par les ſupe-
rieurs & plus ſubtils. Ce qui a eſté auſſi remarqué par Ariſtote au premier liure des Meteo-
res, mais plus preciſément ſur la fin du troiſiéme liure de la generation des animaux, lors
qu'il dit que cette vertu animale que nous re-
ſpirons, & qui eſt répanduë par toute la terre,
prend ſon origine des Cieux : car tout ainſi que
par le mouuement & force des Aſtres qui ont

nimaux terrestres & aquatiques, particulierement au poisson à l'escalle, quand la Lune est
pleine ce poisson est plein d'eau, & quand la
Lune est en son declin, il n'y a que fort peu
d'eau ; en fin il n'y a rien de composé des quatre elements qui ne se ressente de son influence & des autres planettes ?

Si Hyppocrate & Galien ont excellé en la
Medecine par cette diuine science, pourquoy
les Medecins de ce siecle ne s'en seruent-ils
pas ? Il est impossible, dit Auicenne, qu'vn Medecin puisse connoistre la cause principale qui
aura esmeu la maladie, ny mesme en quelle
partie du corps la cause peccante sera attachée
sans l'Astrologie, dautant qu'il n'y a partie du
corps quelle qu'elle soit, qui ne soit dominée
par les Astres & par les Estoilles ou planettes
ainsi que tous les anciens Philosophes ont remarqué.

Premierement la teste est dominée par le
Mouton, les épaules par le Taureau, les bras
par les Iumeaux, les reins & le dos par le Lion,
comme aussi le cœur, les entrailles par l'Escreuice, la vecië & le nombril par la Vierge, par
les Balances la vessie & bas du ventre, les parties genitales par le Scorpion, les cuisses par le
Sagittaire, les genoux par le Capricorne, le
gras des jambes par le Verseur d'eau, & les

tres-noble, puis qu'elle tient le premier rang
apres la Theologie.

Ariftote l'appelle auffi Princeffe des fcien-
ces, luy donnant le premier rang entre toutes,
eu efgard, dit-il, à la certitude de fes demon-
ftrations! elle eft diuine, en ce qu'elle nous
fait connoiftre la gloire de Dieu par fes ouurages celeftes, ce que le Prophete Royal a char-
té dans fes Pfeaumes, *Cœli enarrant gloriam
Dei.* Et Sainct Thomas au deuxiéme de la Generation, dit que celuy qui fçauroit les vertus
& les proprietez des Cieux & des Eftoilles qui
y font configurées, lors qu'vne chofe vient à
naiftre il pourroit iuger de tout l'euenement
de la chofe engendrée. En fin il faut auoüer
qu'il n'y a rien en ce bas monde qui ne foit
conduit & predominé par les Eftoilles, particulierement par le Soleil & par la Lune : mais
comme la Lune eft le planette plus proche de
la terre, fes influences nous font auffi plus con-
nuës que celles des Eftoilles & des planettes,
dautant qu'il n'y a chofe animée ou inanimée
qui ne fe reffente de fes effets, & de la force de
fa lumiere & de fon mouuement ; car dés lors
qu'elle eft en fon croiffant les eaux augmen-
tent, & quand elle eft en fon décroiffant, elles
diminuënt & décroiffent incontinent auec elle ; Ce qui fe reconnoit auffi en toute forte d'a-

graine de teste, carboucles ; feus, volages,
pustules, manies, phrenesies, flux de sang,
vomissement de sang, passions coleriques &
adustes.

Le Soleil est de sa propre nature chaud &
sec, duquel tous les autres Planettes, mesmes les Astres prenent leurs lumieres, à cause dequoy il est appellé Pere de la Nature,
il domine sur le sang pur, & sur les esprits vitaux, sur les yeux, sur le serueau, sur le
cœur, & quand vne personne est née de iour,
il domine l'œul droit des maladies, rhumes
chaudes, rougeurs du visage, cardiaque, palpitation de cœur, douleur de teste, prouenante de replection de sang, où pour auoir
trop demeuré aux rayons du Soleil.

Venus est de sa propre nature froide & humide, elle domine sur la mixtion de phlegme
sang, esprit, & semence de generation, sur les
reins, ventre, nombril, foye, dos, & autres
parties dediée à generation des maladies,
elle engendre & domine les apostumes de
matieres humides, fistules, imbecilité d'estomac, des reins, & des parties de generation,
folie prouenante de trop aymer, mal de Naples auec ses supposts, & autres prouenantes
de matiere froide.

Mercure quoy qu'il soit de sa propre natu-

pieds par les Poiſſons. Il y a encore les ſept Planettes, leſquelles ont domination ſur certaines parties du corps, auſſi bien que les douze ſignes, & de là on a remarqué que les ſept Planettes eſtoient autheurs de certaines maladies.

Premierement, Saturne qui eſt de ſa nature froid & ſec domine la ratte, la veſſie, l'eſtomach, les nerfs & les os, & la melancholie; des maladies; il cauſe lepre, chancres, pourritures, fievres quartes, opilations, hydropiſies, flus de ventre, colique, hernie, mole, podagre, chiragre, ſciatique, epilepſie, incubus folies, melancoliques, difficulté de reſpirer, & autres engendrées d'humeurs craſſes, ou de ventoſitez qui durent longuement.

Iupiter eſt de ſa propre nature chaut & humide, domine ſur le ſang, les eſprits vitaux, les poulmons, coſtes, foye & arteres, des maladies, les fievres d'vn iour, qu'on appelle autrement ephemeres, ſquinances, plureſies, conuulſions, apoplexies, phlegmons, & autres prouenantes de ſang.

Mars eſt de ſa propre nature chaud & ſec, domine ſur les humeurs coleriques, les reins, le foye, les narilles, le fiel & les genitoires; des maladies, fievres tierces & continuës, epidimies ou maladies populaires, peſtilence, migraine,

*L'ordre & la puiſſance que les Aſtres
ont en la generation & formation
du fœtus à l'heure de la
conception.*

CHAPITRE II.

PAr le Chapitre precedent, il a eſté
dit que les Aſtres & eſtoilles dominoient certaines parties du corps humain, ſans
en auoir donné la raiſon, la cauſe, & diffinition, de maniere que Hermes à ce que dit
Ariſtote, fut le premier qui cogneut l'ordre
& la puiſſance que les Aſtres ont ſur la ſemence ſpermatique ou fœtus dans la matrice
ou vaſe de reception de la femme, & que
l'heure de la conception, eſt vn degré Orien-
tale le vray lieu de la Lune, en la natiuité,
pourueu que la naiſſance ne ſe faſſe point au
ſeptieſme, & au ſixieſme mois, dautant qu'il
n'y a rien en la nature qui ne ſoit compoſé
des quatre Elemens, & les Elemens cauſez
par l'influance des Eſtoilles, & de là vient, que
toutes ſortes de corps dependent des Aſtres.
ainſi qu'on a recogneu par de longues expe-

re froid & fec, il a neantmoins vne autre qualité qui le rend variable & changent fa commodent auec celuy qu'il fe remontreen conionction, il domine fur les efprits animaux,
& fur la confufion de femence, fur les mains,
pieds, bras, nerfs, langue, bouche, dents, des
maladies, vertige ou tournoyement de tefte,
legereté de cerueau, femblable à folie, foles
immaginations, empefchement de langue,
phatifis ou vlcerations de poulmons, exco-
riations des jambes, pieds & mains, & autres
qui ont caufes latantes, c'eft à dire, qui s'eften-
dent par tout le corps, & qui viennent par
certain temps.

Finalement la Lune qui eft de fa propre
nature froide & humide, laquelle domine
fur le phlegme, fur les fueurs, menftruës ou
mois des femmes, & femblables fuperfluitez,
fur l'eftomac, fur le ventre, le cerueau, le poul-
mon, les mammelles, & les yeux, particulierement leul, gauche, quãd la perfonne eft née
de nuict, des maladies, la poudagre, chiragre, fciatiques, hydropifies, appoplexies, paralifies, catherres, tremblement de membres, maladies de fommeil, ou fomnolen-
tes, flux des ventre, vomiffemens, fiftules,
vers & autres caufées de froidures auec humidité.

tres Planettes & Eſtoilles prennent leur lumieres, & par ces vertus il infuſe l'eſprit à la
choſe engendrée, & Dieu l'ame : & de là on
luy attribuë le quatrieſme mois, apres le Soleil ſuit Venus, laquelle eſtant de ſa propre
nature froide & humide, mollifie & rafroidit
le fœtus qui auoit eſté eſchaufé par Mars, &
le Soleil, & ainſi donne la beauté au corps,
qui eſt formé par l'infuſion de l'ame ; c'eſt
pourquoy on la appellée la Deeſſe d'A-
mour & des beautés, & domine le cinquiéme
mois de la conception : En ſuite ſuit Mercure, lequel eſtant de ſa nature froid & ſec,
inconſtant & variable, deſtache les membres
& les ſepare de la maſſe du corps, & commande le ſixieſme mois, finalement la Lune,
qui eſt de ſa nature froide & humide, & mere de la nature, donne la veuë aux yeux, &
le dernier pinceau pour la perfection du
corps, & commande par ce moyen le ſeptieſme mois de la conception ; de là les Phi-
ſiciens ont recogneu que les enfans de ſept
mois viuent iuſques à ſoixante & trois ans ou
enuiron, à cauſe que tous les ſept Planettes y
ont contribué, & donné leurs vertus ; ce qui ſe
recognoiſt encores par les lignes que la nature auec les Aſtres impriment ſur les mains
des hommes par ordonnance diuine, à celle

riences, & en la maniere qui senfuit.

Premierement on a recogneu que Saturne eſtoit le premier entre tous les Planettes qui impriment ſes rayons, ſes vertus & influences ſur le fœtus à l'heure de la conception, & comme il eſt de ſa nature froid & ſec, de la qualité de la terre, à la vertu retentiue, par cette qualité il fait q'vne femme retient la ſemence de l'homme, quand elle rend le deuoir de mariage conioinctement auec l'homme, à l'heure que Saturne regne, & de là on a cogneu que Saturne dominoit le premier mois de la conception, & comme les Planettes ont certain ordre dominant dans les Cieux, leurs influences agiſſent par meſme ordre; c'eſt pourquoy on a attribué le deuxieſme mois à Iupiter, lequel eſtant de ſa nature chaud & humide, doux & benin, fait ioindre les deux ſemences, & enſuite, ſuit le Planette de Mars, lequel eſtant de ſa nature chaud & ſec, deſeiche le fœtus, & le reduit en maſſe de cher, & pour raiſon de ce on luy attribuë la domination au troiſieſme mois de la conception. En quatrieſme rang ſuit le Soleil, lequel en qualité de Roy, ou comme Pere viuifiant il eſt placé au milieu des Planettes, qui eſt d'ailleurs chaud & ſec, & duquel tous les au-

la matrice donne grande vertu à l'enfant, & de la force à la mere pour faciliter la sortie de l'enfant hors du ventre, & par ce moyen tous les enfans de neuf mois ont vie, les vns plus que les autres, suiuant la disposition des Astres, à cause que Iupiter n'est point mal faisant, comme Saturne, au contraire bien-faisant : Il arriue quelquefois que des femmes n'accouchent point dans le neufiesme, à cause de la grande vertu que Mars leur donne, estant chaud & sec de la qualité ignée, & suiuant qu'il se trouue puissant dans les Cieux, retarde l'accouchement au dixiesme mois, & fait que les enfans ont vie, d'autant qu'il n'est iamais autheur de la mort comme Saturne, mais du genre tant seulement. Finalement on a veu des femmes qui n'ont point accouché qu'au onziesme mois, à cause de la grāde & sur-abondante vertu du Soleil, qui domine pendant ledit mois, mais cela ce rencontre si rarement qu'on n'en voit que fort peu (1 de mille vn.) Voila toutes les raisons, la cause & diffinition, qu'on apporte pour la domination que les Planettes ont sur les parties du corps de l'homme. Quant à la domination des Astres qu'on appelle Signes celestes, elle ce preuge de ce que chaque Planette a pour domicille deux signes, excepté le Soleil & la

fin que par ces ſignes, les hommes prennent garde à leurs affaires, dont les Aſtres les inclinent, ainſi que Iob a remarqué au Chapitre 37. *Quæ in manu omnium hominum ſignat Vt nouerint ſinguli opera ſua* : ce que Nicolas de Lira Docteur Theologien a expliqué fort bien, diſant que toutes les lignes qui ſont tranſcriptes ſur les mains des hommes leur ont eſté données, à celle fin qu'vn chacun print garde à ſon affaire.

Nous auons dit cy-deuant comme les ſept Planettes dominoient ſuiuant l'ordre qu'ils ſont placez dans les Cieux : De maniere que ſuiuant cet ordre, ſi vne femme n'accouche point dans le ſeptiéme mois, la creature retourne dans la puiſſance & domination de Saturne, lequel eſtant de ſa nature froid & ſec, reſſerre les pores & cortilage de la femme, affoiblit la force de l'enfant, & de la mere, c'eſt pourquoy vne femme venant à accoucher par quelque accident dans le huictiéme mois, l'enfant n'a point de vie.

Par la meſme raiſon que deſſus, ſi vne femme n'accouche point dans le huictieſme mois, mais bien dans le neufieſme, ainſi que l'on voit d'ordinaire, la domination en appartient à Iupiter, lequel eſtant de ſa nature chaud & humide fait dilater les cartilages de

mixtes, connoissance à la[illegible] il de g[illegible]
est vt[illegible]e à ceux qui s'app[illegible]quent[illegible] [illegible]m[illegible]
mē[illegible]elle nous fournit de[illegible] moyens d[illegible] [illegible]m[illegible]
la dissemblance non se[illegible]em[illegible] [illegible]es [illegible]e[illegible]o[illegible]s,
mais encores des esprits & des mœ[illegible]s de ceux
qui se nourri[illegible]ent en diuerses cô[illegible]es[illegible] Ils n[illegible]us
marque auth de[illegible] ù p[illegible]ouient [illegible]a grande d[illegible]
fer[illegible]nce qu'il y a, tant au co[illegible]p[illegible] qu'en l'e[illegible]pr[illegible]
entre tant de milliers d'h[illegible]mmes[illegible] [illegible]o[illegible]r va
troisie[illegible]me ce[illegible]e[illegible]cienc[illegible] si m[illegible]aut[illegible]u[illegible]e nous
monstre ce qu'il doit arr[illegible]uer [illegible]ans la moyen-
ne region de l'air, & [illegible]ou[illegible]s e[illegible]u[illegible]m[illegible]nts qui
arriuent à chasq[illegible]e m[illegible]m[illegible] [illegible]d[illegible]t[illegible] [illegible]m[illegible]s, p[illegible]p[illegible]t
de plus l'abondance ou d'[illegible]tre de[illegible]o[illegible]tes cho-
ses, principalem[illegible]nt [illegible]es [illegible]u[illegible]s[illegible] [illegible]l[illegible] nous
aduertit du changemen[illegible] des [illegible] p[illegible]s[illegible] [illegible]or[illegible]
des Princes, famine, gue[illegible]r[illegible], seich[illegible]n[illegible]l[illegible] [illegible]e[illegible]x[illegible]
traordinaires, inondati[illegible]n[illegible], & [illegible]u[illegible]l[illegible]t[illegible]es,
qua[illegible]itez en l'air, d'o[illegible] s'en[illegible]uit po[illegible][illegible] l'ord[illegible] [illegible]u[illegible]
re la corruption des fruicts & mort[illegible]s a[illegible]-
m[illegible]ux ; comme aussi des grands m[illegible]u[illegible][illegible]s
qui doiuent estre faits e[illegible] [illegible]ert[illegible] [illegible]e[illegible] [illegible][illegible]x, &
semblables euenemens [illegible]sch[illegible]u[illegible][illegible], [illegible]l[illegible] nous
aduertit de plus du temps, qui est p[illegible]p[illegible]
à medicamenter, ce qu[illegible][illegible][illegible][illegible][illegible]la m[illegible]d[illegible]-
ne[illegible] & qui leur est ne[illegible]ssai[illegible]e pour un d[illegible]r[illegible]-
nier elle nous fait sçauans du tempe[illegible]am[illegible]t
des corps de chasque indiuidu, d[illegible] leur di[illegible]po-

C

Lune qui n'en ont qu'vn, ſçauoir le Soleil le
ſigne du Lion, & la Lune le ſigne de Cancer,
Saturne le Capricorne, & le Verſeur d'Eau,
Mars, Aries & le Scorpion, Iupiter les Poiſ
ſons & le Sagitaire, Venus, le Taureau & les
Balances, Mercure les Ieumeaux & la Vierge : Si bien que les vns n'ont point défait ſans
l'autre.

---

*Modo rationnelle, pour connoiſtre le di-
uers temperament des hommes, ſuiuant l'Aſtrologie naturelle, cõme auſſi
le temps propre pour purger les quatre
humeurs ; ſçauoir le ſang, la bile, la
pituite, & la melancholie.*

CHAPITRE III.

LE plus grand aduantage que l'on tire
de la ſcience des Aſtres, eſt qu'elle nous
fait connoiſtrre qh'il y a vn Dieu, & vne diuine prouidence qui domine ſur toutes les
choſes crées, d'ailleurs elle nous fait connoiſtre le pouuoir merueilleux que les Aſtres
ont ſur les Elemens, & ſur tous les corps

mixtes

dans des signes contraires, comme sont le signe de Cancer, de l'Escorpion, & les Poissons, qui sont trois signes froids & humides, contraires aux susdits signes, & par ainsi propres pour purger la bile, & toutes sortes de fievres ardantes.

Mais ceux qui sont venus au monde depuis le 21. du mois de Iuin que le Soleil entre dans le signe de Cancer, & depuis le vingt-troisiesme du mois d'Octobre que le Soleil entre dans le signe de l'Escorpion, & depuis le 18. du mois de Fevrier que le Soleil entre dans le signe des Poissons, qui sont tous signes froids & humides, rendent les personnes flegmatiques venant à se purger sans qu'elles attendent que la Lune soit dans les signes du Taureau, de la Vierge, ou de Capricorne qui sont froids, & secs de la nature de la terre; & par consequent contraires aux susdits signes, & propres pour purger le flegme.

En troisiesme lieu, ceux qui son venus au monde depuis le 20. du mois d'Avril que le Soleil entre dans le signe du Taureau, & depuis le 23. du mois d'Aoust que le Soleil entre dans le signe de Capricórne qui sont trois signes froids & secs, telles personnes sont d'ordinaire melancholiques, si bien que venant à purger la melancholie, il faut attendre

ſition, alteration, & indignations, ce qui eſt
neceſſaire, tant pour conſeruer la ſanté, que
pour conformer les mœurs & regir la vie,
mais comme noſtre deſſein ne tent que pour
la conſeruation de la ſanté, il faudra voir
d'où procede le diuers tēperamēt des hommes : car à meſure qu'ils viennent à naiſtre
ils ſe trouuent ſaiſis & comme predominez
des influences celeſtes, qui les inclinent à
pluſieurs maladies par certaine qualité d'humeurs qui ſurabondent ſur nos corps, dont les
vns ſont ſanguins, d'autres bilieux, d'autres
pituitus, & des autres melancholique, pour
deſcouurir la cauſe de ces qualitez, il faut
prendre garde au temps que les hommes
ſont venus au monde, d'autant que ceux
qui viennent au monde depuis le vingtieſ-
me du mois de Mars que le Soleil entre dans
le ſigne d'Aries ou du Mouton, & depuis le
23. du mois de Iuillet iuſques au 23. du
mois d'Aouſt, que le Soleil entre dans le
ſigne du Lyon, & depuis le 22. du mois de
Nouembre que le Soleil entre dans le ſigne
du Sagitaire, qui eſt la triplicite ignée, telles
perſonnes ſont d'ordinaire choleriques, bi-
lieuſes, & ſujets aux fievres ardentes, lors
que ces perſonnes voudront purger la bille,
il faudra quelles attendent que la Lune ſoit

lefquels ils feront venus au monde.

I peut arriuer quelquefois cöme le plus fouuent, qu'vne perfonne ne fçaura pas le mois
de la naiffance, le Medecin pour lors prendra
garde à la fifionomie du malade, que s'il a le
vifage bafan qu'on appelle couleur de pe-
lerin, comme fi le vifage auoit efté bruflé
par les rayons du Soleil, ce qui arriue aux
perfonnes qui voyagent, pour lors il peut
dire, que telle perfonne fera bilieufe & du
mefme temperament que ceux qui font nais
dans la triplicité ignée, & par ainfi coleriques.

Et ceux qui auront le vifage rouiaftre de
la couleur des cerifes, fout d'ordinaire fanguins & tiennent de la triplicite aiée.

Et ceux qui auront le vifage long & les
yeux grands tiennent du Taureau & ont le
vifage de couleur de plomb, & par ainfi melancoliques, telles perfonnes tiennent de la
triplicite terreftre.

Finalement ceux qui ont le vifage large
& blanchaftre font d'ordinaire flecmatiques,
tenant de la triplicite aquée.

De maniere qu'en obfervant cette meto-
de on ne tombera pas dans l'erreur qui fait
bien fouuent fur comber l'ignorant au grand
prejudice des malades.

que la Lune foit dans le figne des Iumeaux, des Balances, ou du Verfeur d'eau, qui font trois fignes chauds & humides de la qualité aërée; & par ainfi contraires aux fufdits fignes, & propres pour purger la melancholie. Finalement, ceux qui viennent au monde depuis le 21 du mois de May que le Soleil entre dans le figne des Iumeaux, & depuis le 23. du mois de Septembre que le Soleil entre dans le figne des Balances, & depuis le 20. du mois de Ianuier que le Soleil entre dans le figne du Verfeur d'eau, qui font trois fignes chauds & humides, ceux-là qui sõt venus au monde dans l'vn de ces trois fignes font d'vn temperament fanguins, fi bien que venant à fe purger ou fe faire ouurir la veine faut qu'ils attendent que la Lune foit dans le figne du Mouton, du Lyon ou du Sagittaire, qui font trois fignes chauds & fecs, & par ainfi contraires aux fufdits fignes propres & conuenables, pour la feignée & pour purger le fang impure, de maniere que le fang appartient à la triplicite aërée, la bille à la triplicite ignée, la pituite à la triplicite aquée, & la melancholie à la triplicite terreftre, & de là on peut iuger facilement des humeurs que les perfonnes font cõpofées & remplies d'humeurs, enfuiuant la qualité des fignes fous

lors que Iupiter bien disposé se ioint à Venus, ou à la Lune sans aucun rencontre des
Planettes malefiques.

L'animale fait sa residence dans le cerueau, & se diuise en intellectiue ou discursiue, & en sensitiue, la discursiue & intellectiue sont regies par Mercure, & la sensitiue est dominée par la Lune, Iupiter & Venus, desquelles Planettes elle est entretenuë
& fortifiée.

Latractiue consiste en la chaleur & siccité, laquelle est regie par le Soleil, & est
fortifiée par la Lune quand elle arriue dans
le signe du Mouton, ou du Sagitaire ; au contraire quand elle est au signe du Lion, elle
est fort domageable à la seignée & aux mé-
dicaments, dautant que le signe du Lion domine le cœur & la Lune l'estomac.

La digestiue consiste en chaleur & humidité, laquelle est regie & gouuernée par
Iupiter, viuifiée par la Lune quand elle est
dans les Balances, ou dans le Verseur d'eau,
le signe de Gemini luy est suspect à cause
de Mercure.

L'expulsiue deriue de l'humide & du froid,
laquelle est aidée par la Lune, & quand elle est dans le signe de l'Ecreuice, le Scorpion, ou les Poissons aide grandement à la

Vertus ou puiſſances principales qui dominent nos corps auec la la ma_niere de conſeruer la Santé.

CHAPITRE IV.

LEs puiſſances ou vertus qui dominent nos corps ſont trois , ſçauoir la vitale, la naturelle. & l'animale , la naturelle contient , la tractiue , retentiue, digeſtiue, & expultrice. La vitale eſt conduite par le Soleil , laquelle a pour demeure le cœur qui eſt entretenuë & mellourée lors que le Soleil eſt regardé par de bons rayons de Iupiter ou de Venus , cela eſtant , elle eſt fomentée par leurs vertus chaudes & ſeches, & moyennement temperées à cauſe de leurs chaleurs & humiditez.

La naturelle reſide dans le foye où les quatre humeurs s'engendrent ; ſçauoir, le ſang, la bille, la pituite & la melancolie, la pituite eſt regie par Iupiter, la Lune, & Venus, entretenuë & foumentée par Iupiter, principalement quand on ſe ſert de remedes chauts & humides , mais encores plus

prendre aucune medecine lors que les suf-
dites Estoilles fixes de la nature de Mars sont
dans des signes chauts conioints auec la Lune pendant les equinoxes, & les Solstices,
que, si la necessité pressoit, qu'il falut purger
quelque personne pendant que les Estoilles
fixes seroient dans de signes chauts, il ne la
faudroit pas pourtant purger par de remedes
violents, mais bien par de remedes doux &
benins, comme ceux qui se font par des electueres, & attendre que la Lune soit auec de
bons aspects, & auec de Planettes d'amiable
amitié, comme Iupiter & Venus.

On a fait encores vne autre remarque
que lors la Lune se trouue dans le signe
de Cancer qui est sa propre maison, pour
lors elle fortifie beaucoup la nature, c'est
pourquoy il faut purger auec des electueres,
& quand elle est dans le signe de l'Escorpion
par potions, dans les Poissons, par pilules,
que si la Lune estoit regardée par trine ou
par sextil aspect de Venus, il faudroit purger la bile, & quand elle est regardée du Soleil ou de Mars d'vn mesme aspect, sçauoir
triue ou sextil il faut purger la pituite, &
quand elle est regardée de Iupiter, faut purger la melancolie; ces moyens purgatifs vous
sont plus amplement representez & signifiez

D

purgation , parce que ces trois signes leurs
contiennent , & auec lesquels elle simpatie
beaucoup , à cause de leurs qualitez froides
& humides.

On a remarqué qu'il y a certaines Estoilles fixes de la nature de Mars qui font fort
chaudes & violentes , lesquelles pour raison
de ce nuisent quelque fois à la Santé ; c'est
en quoy les Medecins ne prennent pas garde bien souuent , quand ils donnent des me-
decines purgatiues , lors que des Estoiles de
cette nature sont dans des signes chauts conioints auec la Lune , ce qui est arriué , il ne
fait pas long temps à vne personne de grande condition , laquelle ayant pris de l'anti-
moine mourut peu de temps apres , ce n'est
pas à dire que cette medecine ne fust bien
ordonnée ; mais elle fut donnée à vne heure
contraire , & pendant que des Estoilles de la
nature de Mars estoient coniontes auec la
Lune , & à son declin. Or ces Estoilles fixes
sont Syrus , autrement canis maior , Pro-
cyon, ou petit chien , Regulius , Aldebaran,
Antares , Hircy , Pegasus , Eque , Capella,
Hercules , Pallilitium & ses semblables : toutes lesquelles Estoilles sont de la nature de
Mars , comme il a esté dit cy dessus.

De maniere qu'il ne faut iamais prendre
aucune

bons aspects, ainsi que nous auons dit cy deuant, Il faut en outre obseruer par forme d'exception qu'il ne faut point purger lors que la Lune sera coniointe auec Iupiter, parce que l'vn & l'autre fortifient beaucoup la nature, c'est pourquoy la medecine ne feroit pas le fait qu'elle feroit estans regardét par vn triue ou par vn sextil, mais quand il sera question d'oster les choses exterieures il fera bon operer pendant ladite conionction, comme quand on voudra prendre quelque bain, rogner les ongles & medeciner les yeux, & non pas pour purger le dedans du corps. En fin qui voudra obtenir la Santé du corps il le faut tousiours purger quand la Lune sera dans des signes contraires à la cause pecante. Par exemple, si la maladie prouient d'vne humeur chaude, il faudroit attendre que la Lune fust dans vn signe humide comme l'Escreuice, le Scorpion, & les Poissons; que si la maladie prouenoit d'vne humeur froide il faudroit attendre que la Lune fust dans vn signe froid & sec, comme le Taureau, la Vierge, & le Capricorne, & ainsi des autres.

D ij

demõſtrez dans l'Almanach medicinal. Et outre leſdits aſpects on a remarqué que le Printemps & l'Automne eſtoient les deux ſaiſons
plus propres pour purger (que l'Eſté & l'Hyuer) que ſi la neceſſité portoit qu'il falut purger vne perſonne pendant l'Eſté ou l'Hyuer
il faut que ce ſoit en vn temps qui ſoit moyenement chaut & moyenement froid, & non
pas grandement chaud & grandement froid,
parce que l'vn ouure par trop les pores & di-
late les eſpris, comme le chaud, & l'autre les
reſerre beaucoup, comme le froid.

Il ne faut point purger auſſi aucune perſonne quand la Lune ſe trouue dans des ſignes violents, parce qu'ils incitent à vomiſ-
ſement ou fut que la medecine fut donnée
pour cette cauſe, pour lors la medecine agite
plus facilement; or ces ſignes ſont, le Taureau,
le Capricorne, & le Mouton, on y adiouſte
encores le ſigne du Lion à cauſe qu'il domine
le cœur.

Entre tous les ſignes que la Lune ſe rencontre tous les iours & les plus conuenables
pour purger ſont l'Ecreuice, le Scorpion, les
Poiſſons, les Balances, & le Verſeur d'eau, à
cauſe qu'ils ſont moyenement chauts & humides, la Lune toutefois eſtant en ſon declin, pluſtoſt qu'en ſon croiſſant & auec de

tent ; sçauoir, le matin au Printemps, le midy à l'Esté , le soir à l'Automne , & la nuit à l'Hyuer, & de là Hyppocrate & Galien ont recogneu que le sang dominoit le matin, la bille à midy, la melancolie le soir, & la pituite la nuit.

Les Arabes ont fait vne autre remarque en la Medecine, que les maladies ont leurs redoublements de leurs excés au matin, parce que le sang en ce temps-là a son mouuement tres-fort, & pour cette raison les Docteurs ont trouué qu'il estoit fort à propos de seigner le matin, Hyppocrate a de plus recogneu que toutes les affections melancholiques rengregent le soir, & les pituites la nuit, d'où vient que les fiévres nocturnes sont presque toutes pituites, & entre toutes les crises celles qui se font la nuit sont plus perilleuses que celles du iour. Puis que cela est ainsi il faut aduoüer que toutes les alterations qui suruiennent au corps humain prouiennent par l'influence des Astres particulierement de la Lune , attendu qu'elle domine sur les humeurs , aussi voit-on le faict de ses influences agir plus puissàmment la nuit que le iour, de maniere qu'il faut aduoüer que la medecine a pris son plus fort fondement des iours Lunaires : C'est pour-

*La diuiſion du temps & des âges qu'il
faut obſeruer pour la purgation &
pour la ſeignîe.*

CHAPITRE V.

PLuſieurs Philoſophes ont eſté differens
ſur la diuiſion du temps , & porté pluſieurs natiꝏns dans leurs opinions, mais tel-
lemeet differens que les vns l'ont commencé
au leuer du Soleil comme les Babiloniens,
des autres au coucher du Soleil comme les
les Atheniens, Perſes, Boëmiens , & Italiens,
les Ombriens Arabes , & Aſtrologues au Midy, les Egyptiens & François à minuit , & les
Medecins à l'heure que le malade commence s'aliter & ſe trouuer manifeſtement mal,
& dans les iours des maladies i's ont encores diuiſé le temps en quatre parties; ſçauoir,
le matin, midy, le ſoir, & la nuit , dautant
qu'Hyppocrate & Galien ont recogneu que
le iour correſpondoit à l'année ; à toute l'année par proportion : car tout ainſi que l'année a quatre parties ſçauoir , le Printemps,
l'Eſté, l'Automne & l'Hyuer , de meſme le
le iour a quatre parties leſquelles ſe rappor-

ny purger en ce temps-là , de crainte qu'il
n'arriue quelque accident mauuais, mais apres
que la Lune a ura repris nouuelles forces les
humeurs feront en repos & retournées en
leurs lieux & places qu'elles eftoient aupara-
uant le changement de la Lune.

En troifiefme lieu, Hyppocrate dit, qu'il
ne faut point purger quand la Lune entre en
quartier, qui eft vn afpect d'inimitié ; car tout
ainfi que l'on voit changer le temps à l'entrée
de chaque quartier, de Lune, les humeurs en
font de mefmes, elles fe remuent & trou-
blent le fang ; c'eft pourquoy il ne fait pas
bon fe purger en ce iour-là qu'elle entre en
quartier & quadrat afpect auec le Soleil.

Finalement, Hyppocrate defend la purgation & la feignée quand la Lune entre dans
fa plenitude qu'on appelle plaine Lune , qui
eft vn afpect d'oppofition & d'inimitié tres-
parfaite.

Or cét afpect eft le plus mechant entre
tous , lequel caufe plus de mal que tous les
autres enfemble, c'eft pourquoy il ne fe faut
point purger ny feigner lors que la Lune entre dans fa plenitude.

quoy Hyppocrate nous a grandement re-
commandé les preceptes cy-deſſus & les ſui-
uan.

Premierement, qu'il ne faut iamais purger vn vieillard en Lune nouuelle, ny vn ieu-
ne homme en Lune vieille, ou fut pour quelque cauſe extraordinaire, dautant que la Lune a cette qualité d'ouurir & dilater les pores
quand elle eſt nouuelle,& de les ſerrer quand
elle eſt vielle, les vieus qui ont naturelle-
ment les pores ouuers & dilatez les purgant
en Lune nouuelle, la medecine les purgeroit
auec trop de violence & en danger d'aug-
menter le mal: Au contraire purger vn ieu-
ne homme en Lune vieille lequel a les pores
natutellement ſerrez & fort eſtrois la medecine ne feroit pas le fait qu'on pourroit eſ-
perer.

En ſecond lieu Hyppocrate dit, qu'il ne
faut iamais purger ny vieus ny ieunes lors
que la Lune entre en conionction auec le Soleil qu'on appelle Lune nouuelle, car tout
ainſi que le temps ſe change, de beau
en mauuais ou de mauuais en beau, il en
eſt de meſure des humeurs ſur leſquelles la
Lune domine leſquelles ſe changent & ſe
brouïllent auec le ſang auſſi bien que le
temps; c'eſt pourquoy il ne faut point ſeigner

uais, comme il fera dit & monftré cy-apres.

Faut fçauoir de plus, qu'entre tous les Planettes Saturne & Mars font les plus mauuais, & Saturne plus que Mars, à cau-fe que Saturne eft prefque toufiours auteur de la mort, & Mars du genre de mort, & entre tous les Planettes les plus benins & bien-faifans font Iupiter & Venus, & que Iupiter eft encores plus bon que Venus. Il peut arriuer quelque fois comme le p us fou-uent que la Lune fera regardée du Soleil de Mars ou de Saturne d'vn afpect quadrat ou d'oppofition, pour lors il ne faut point purger ny feigner, que s'il arriue à mefme temps que Iupiter ou Venus les regarde d'vn fex-til ou d'vn trine, ou bien qu'ils y foient conioints, pour lors il ne fe faudra pas arre-fter ny au quadrat ny à l'oppofition de Satur-ne, Mars, & du Soleil, parce que la bonté de Iupiter ou de Venus moderent la malice des vns & des autres : mais comme la plufpart n'entendent point l'ordre de ces afpects, nous les auons marquez dans les tables de l'Al-manach medecinal.

Il peut arriuer au contraire que la Lune fera regardée d'vn fexti ou d'vn trine du So-leil, pour lors nous auons dit qu'il fait bon purger ou feigner, mais s'il arriue que Satur-

---

*Exceptions ou modifications sur ce qui
a esté dit au Chapitre precedent de
la diuision du temps & des ages qu'il
faut obseruer tant pour la purgation
que pour la saignée.*

CHAPITRE VI.

PRemierment l'on doit sçauoir qu'il n'y a
regle generalle qu'elle n'ait quelque exception particulierement, en des choses qui
dependent de l'euenement des Astres & des
Estoilles, de maniere que nous auons dit cy
dessus qu'il ne falloit point purger les gens
vieus en Lune nouuelle, ny les ieunes en Lune vieille, ny lors de la conionction de la
Lune auec le Soleil, ny quand elle est regardée d'vn quadrat aspect ou d'opposition auec
le Soleil, à cause que ce sont des aspects d'i-
nimitié, & que le sextil & le triue estoient fort
propres & conuenables tant pour purger que
pour seigner; neantmoins il se peut rencon-
trer deux choses qui peuuent rendre les vns
& les autres, tantost bons & tantost mauuais,

logie regarde les choses vniuerselles & la medecine en icelles les particulieres. Et de fait qu'il y autant de difference entre l'Astrologie & la Medecine qu'il y en a entre l'ame & le corps, c'est pourquoy nous pouuons dire auec raison que la Medecine sans l'Astrologie est vn corps sans ame.

Des maladies Climateriques ou Epidimiales, autrement populaires, engendrées par les vents & surabondante siccité & secheresse, ou par trop grande humidité.

CHAPITRE VII.

LEs maladies qu'on appelle Epidimiales sont Climateriques ou populaires, car tout ainsi que les Climats sont differens en temperament les maladies qui arriuent en diuers pais sont aussi differentes, dautant qu'on a reconnu qu'il y a des maladies qui sont communes & ordinaires, en de pais qui ne le sont pas en d'autres, & en d'autres qui ne le sont pas en celuy-cy, lesquelles pro-

turne ou Mars y iettent leurs rayons d'vn
quadrat ou d'oppofition , ou qu'ils y foient
conioints ; pour lors il ne faut point purger ny tirer du fang, parce que la malice de
l'vn & del'autre furpaffe la benté du fextil &
du trine, du Soleil & la Lune.

Les Medecins & les Chirurgiens qui n'entendent point cette fcience fe trouuent bien
fouuent en doute , qu'apres auoir guery plufieurs malades par certains remedes , où ils
en tueront tout autant ou plus, & de la Ma-
fteller a dit qu'vn Medecin qui n'entent point
l'Aftrologie eft vn boucher, il ne faut pas tant
confiderer le temperament des perfonnes
qu'il faut auffi confiderer & regarder la difpo-
firion du Ciel qui eft la caufe premiere, & le
temperament la caufe feconde, on a beau à
dire, vn tel eft bilieux, vn tel eft melanco-
lique, fi Saturne y jette fes rayons il vous les
enuoyera aux Champs Elifées pour encendrer
les places, de fes heritiers. Nos corps eftans
compofez des quatre Elements & les Elements caufez par les Aftres, il faut conclur-
re que nos corps dependent des Elements,
& des Aftres, des Aftres comme caufe premiere, & des Elements comme caufe feconde.

Et de là les Docteurs difent que l'Aftro-

là s'engendrent bubons, charbons, enflama-
tions, thumeurs, des chaleurs brullantes ou
eschauffantes, veroles, & autres semblables
qui arriuent en Esté, & en Hyuer lors du
grand froid, causent mal aux yeux, fendent
les narrines & autres du visage.

Le vent du Midy au plus fort de l'Esté
augmente la chaleur, mais vne chaleur ar-
dente qui cause & esmeut la bile, fievres ardentes auec alteration & grande siccité, &
en Hyuer & en la prime s'il dure long temps
engendre catairhes & fluxions, mais lors
qu'il souffle mediocrement par temps, donne
le beau temps & entretient la Santé.

Le vent de Bise qui vient d'Afrique engendre & incite des humeurs atractiues &
melancholiques, tres-pernicieuses, & as-
pres.

Les vents de Midy esblouïssent la veuë,
appesentissent le cerueau, remoulissent les
humeurs, corrompent & infectent le corps &
les humeurs, prouoquent les fluxions, in-
commodent les pulmoniques, les rumes,
tous, vertiges, apoplexies, epilepsies, surdité
d'oreilles, font les yeux chassieux, font a-
border les femmes & autres choses sembla-
ble ; en vn mot, tous les vents Meridionaux
& ses voisins incitent & font quasi le sem-
blable.

uiennent d'ordinaire de l'intemperie de l'air, qui fait groffir ou enfler bien fouuent le vêtre ainfi que Hyppocrate enfeigne dans fon Experience, lefquelles arriuent en des années quand l'air furabonde beaucoup en ficcité ou en humidité : telles maladies font appellées populaires, pour les diftinguer des autres esſ. que les arriuẽt partie des influences Celeftes, partie par mauuais regime & humeur furabondante, dautant que la furabondante ficcité engendre les fievres chaudes & ardentes, phrenefies, petite verole, enflures, ou bubons, mal des yeux, douleur de tefte, & autres douleurs femblables.

Et l'humidité fuperfluë engendre les fievres quotidiennes, & longues, & humidités d'eaux aux yeux, l'efchinence, apoplexies & paralifies, la paralifie eſt vne maladie qui rend les perfonnes perclués & impotentes des membres, par certaine furabondante humidité qui tombe fur les nerfs, fluxion ou furabondante humeur, apoftemes & autres femblables.

Quãt aux vents Orientaux ou Meridionaux qui foufflent pendant cette grande & fuperfluë humidité, ils engendrent ou incitent les fievres ardentes, bilieufes & chaudes, ainfi qu'on a veu dans Paris l'année paffée 1650. & de

nence, plurefies, fluxions à la poictrine, & autres femblables.

Entre les maladies populaires ou epidimiales & Climateriques qui arriuent differemment & en diuers temps & païs, fuiuant la diuerfité du temps, froid ou chaud, dont les vnes font caufées par trop grande abondance de chaleur ou par trop grande abondance d'humidité, & des vents continuels, qui foufflent en chaque faifon.

Il faut de plus confiderer qu'il y a vn directeur general fuiuant l'ordre des Cieux, qui fe prend des fept Planettes, l'vn defquels eft fait Gouuerneur de la region Ætheraïée, ou elementaire.

Or cette direction generale qu'on attribuë à chaque Planette pendant vne année fe prend du cicle Solaire, qui fe fait de 28. en vingt-huict ans, pendant lefquels chaque Planette commaude une année, & pendant lefdites 28. années chaque Planette commande quatre fois. Par exemple, en l'année derniere 1650. Mars eftoit le directeur general, & l'année 1656. retournera dans fa domination. Lequel eftant de fa propre nature chaud & fec, caufa ces grandes fievres ardentes dont plufieurs perfonnes en font mortes, non feulement dans Paris, mais en plu-

Le vent de Bife en l'Automne fait lemef-
me que le vent du Midy, & en Efté & en
Hyuer eft tres-fain & fauorable pour la Santé, particulierement en Italie & au Languedoc, & autres païs chauds, à caufe que ce
vent eft froid.

Le vent Circius qu'on appelle vent du
Languedoc, les Languedociens l'appellent
Trefmontane; ce vent eft fi violent qu'il
met par terre bien fouuent les gens de che-
ual, & les arrefte tout court qu'ils ne fçau-
roient faire chemin, il remplit la bouche
qu'on ne fçauroit quafi parler. Ce vent fouf-
fle d'ordinaire au commencement de la prime & fur la fin de l'Automne, il amene de
grandes ondées & bourrafques de pluyes, que
les petits ruiffeaux deuiennent comme grof-
fes riuieres, terraffe & abat bien fouuent les arbres, il eft tellement tempeftueux
qu'il abat les pointes des Chafteaux, & rompt
les barres de fer qui fupportent les giroüet-
tes des grandes Maifons, rompt les vitres
qui luy font oppofées. En vn mot il fait autant de mal ou plus que le tonnerre, il in-
commode les mufcles & les nerfs, il engendre les plurefies, laffitudes & contractions
aux arteres & autres femblables.

Le vent de Bife incite les catherres, fqui-

Quant aux preceptes generaux qu'il faut obseruer pour la saignee.

CHAPITRE VIII.

HYpocrate au Traitté qu'il a fait de *Ingenio sanitatis*, dit qu'il ne se faut point soulmettre entre les mains d'vn Medecin tel qu'il soit qui n'entendra point l'Astrologie, par ce qu'il ne sera iamais bon Medecin : Si Hypocrate nous deffend de se seruir d'vn Medecin qui n'entendra point l'Astrologie, pourquoy donc se sert-on de tant de personnes qui n'entendent ny Medecine ny Astrologie, qui mesmes ne sçauent pas faire difference d'vne maladie laquelle sera par fois pituiteuse, des autres melancoliques, des autres bilieuses & coliques, & d'autres sanguines, lesquelles veulent estre traitées differemment, non seulement par des remedes contraires à la cause, mais aussi en diuers temps, sur quoy Hypocrate a ordonné la seignée aux coleriques lors que la Lune sera dans le signe de Cancer, Pisces & le Scorpion.

Les melancoliques, quand la Lune sera dans le signe des Balances, au Verseur d'eau ou Aquarius.

Les flegmatiques, lors que la Lune ſera dans l
ſigne du Mouton ou dans le ſigne du Sagitair

Pour les ſanguins, en tout temps & en tou
ſaiſon, que ſi la ſeignée eſtoit faite en temp
qui fit grandement froid, il faut pour lors gar
der la chambre.

Neantmoins Hypocrate dit que s'il arriuoit
neceſſité tres-vrgente comme en cas de peſte,
ſquiuancie, plureſie, freneſie, apoplexie & autres maladies qui demandent ſoudain du re-
mede & du ſecours, il ne faudroit pas differet
la ſeignée, ou fut que le malade la peut porter
& attendre l'élection dudit cours,

Pour la preſeruation des maladies, c'eſt à
dire, quand il faut anticiper la cauſe & l'euenement du fait d'vne maladie, le Printemps &
l'Automne ſont à preferer, tant pour la ſeignée que pour la purgation, le Printemps ſur
tout.

Entre les iours & les ſaiſons qui ſont les
plus contraires pour la purgation & pour la
ſeignée, on a reconnu que les Iours Canicu-
laires eſtoient les plus contraires en Eſté, & les
Anticaniculaires en Hyuer, qui ſont oppoſez
à ceux de l'Eſté.

On eſuite ceux de l'Eſté à cauſe de la grande
chaleur, & ceux de l'Hyuer à cauſe du grand
froid, ceux de l'Eſté arriuent enuirôn le 22

du mois de Iuillet & durent enuiron trente
iours, & ceux de l'Hyuer, lors que le Soleil
entre au ſigne de Capricorne maiſon de Saturne, enuiron le 21. Decembre.

On a remarqué de plus certains iours qui
dépendent des aſpects de conjonction quadrat & d'oppoſition des Planettes malefiques,
comme de Saturne & Mars auec la Lune, &
de la Lune auec le Soleil, leſquels vous ſont
marquez dans la table des mois, & dans l'Almanach Medecinal, que vous obſeruerez ſi
deſirez en faire voſtre profit & recouurer la
ſanté.

Autre remarque qui merite d'eſtre obſer-
uée auſſi bien que les precedentes, ſoit pour la
ſeignée que pour la purgation.

Premierement, l'on doit ſçauoir quand la
Lune eſt en ſon premier quartier, elle eſt chaude & humide, laquelle ſe rapporte au Printemps & à la region airée ; pour lors l'on doit
ſeigner les ſanguins & les ieunes gens de l'âge
de quinze ans ou enuiron.

En ſecond lieu, la Lune eſtant au ſecond
quartier, elle eſt chaude & ſeiche & ſe rapporte à l'Eſté & à la region ignée, pour lors il
faut ſeigner les coleriques & les ieunes gens de
vingt-cinq ans ou enuiron.

En troiſieſme lieu, la Lune eſtant au troi-

fiefme quartier , elle eft froide & feiche , & fe
rapporte auec l'Automne & auec la region
terrefte : pour lors il fait bon feigner les melancoliques & les gens viriles de quarante-cinq
ans ou enuiron.

Finalement , la Lune eftant au dernier
quartier , elle eft froide & humide à la fimilitude de l'Hyuer & de l'Element de l'eau, en
ce temps-là il faut feigner les gens flegmatiques & gens anciens & bien auancez en âge à
caufe de la fimilitude & fimpatie qu'elle a
auec les gens vieux ; car tout ainfi que la Lune
decline en lumiere elle decline en vertu , il en
eft de mefme des gens vieux , plus ils s'auan-
cent en âge , plus ils diminuent en force &
vertu.

Ce que nous venons de dire pour la feignée,
doit eftre auffi obferué pour l'application des
ventoufes, fcarifications, incifions, & application de cauteres.

F I N.